Kerstin Etscher

Gottes Welt ist schön

Kinder erfahren
die Natur

D1665124

Burckhardthaus-Laetare Verlag

■ Die Reihe „3–7" wird von Hajo Bücken herausgegeben. Sie ist gedacht für alle, die in der Kindererziehung tätig und mit den Problemen von Vorschulkindern konfrontiert sind in Kindergarten, Vorschule und Familie. Jährlich erscheinen zwei Bände. Die Bände sind einzeln oder fortlaufend zu beziehen. (Bei fortlaufendem Bezug sparen Sie ca. 15%)

© 1992 by
Burckhardthaus-Laetare Verlag GmbH, Offenbach/M.
Postanschrift: Schumannstr. 161, 6050 Offenbach/M.

Umschlaggestaltung: Peter Weber, Bremen
Illustrationen: Peter Weber, Bremen
Herstellung: Joachim Emrich, Offenbach/M.
Satz, Druck und Verarbeitung: RGG-Druck, Braunschweig

Die Deutsche Bibliothek CIP-Einheitsaufnahme
Gottes Welt ist schön: Kinder erfahren die Natur/Kerstin Etscher. [Ill.: Peter Weber]. – Offenbach/M.: Burckhardthaus-Laetare-Verl., 1992
(Spiel-Lern-Reihe 3–7)
ISBN 3–7664–9290–X
NE: Etscher, Kerstin; Weber, Peter

Inhalt

Das Jahr der Kinder

Das Jahr der Kinder ist ein volles Jahr. Von Tag zu Tag ändert sich etwas im Leben eines Menschen, ändert sich seine Umgebung und auch die Natur. Sie hat uns so viele Überraschungen, so viel Interessantes zu bieten, daß man sich niemals sattsehen kann.

Tage voller Überraschung

Das Jahr der Kinder zieht durch dieses Buch. Die Autorin hat es ganz bewußt mit dem Herbst begonnen. Für den Herbst mit seiner vollen Pracht aller nur erdenklichen Sorten von Obst, Gemüsen und Pflanzen haben wir besonders zu danken. Danach folgt das Buch dem Kreislauf der Jahreszeiten, streift den Winter eher am Rande, widmet sich dann voll der Zeit des Wachsens und Gedeihens, dem Frühling. Mit dem heißen Herzen des Jahres, dem Sommer, endet auch dieser Streifzug durch die Natur.

Streifzug durch die Natur

Sie finden auf den nächsten Seiten Verssatzstücke, Mosaiksteinchen des so reichhaltigen Lebens. Es kann unmöglich die gesamte Natur behandelt werden; vieles davon würden unsere Kleinen auch noch nicht begreifen. Um das Begreifen – auch wörtlich gemeint – geht es aber hier: An allen Ecken und Kanten kann man feststellen, daß hier eine Praktikerin berichtet, die aus langjähriger, aktiver Arbeit im Kindergarten schöpft.

Begreifen durch Tun

Natur neu
erleben

So gibt es immer wieder Geschichten zum Erzählen, Spiele, Handwerkliches wie Bastelarbeiten, aber auch Anregungen zu Entdeckungsreisen in die Natur mit vielen wertvollen Hinweisen. Dabei sind die unterschiedlichen Beiträge gekennzeichnet. In einfacher Sprache erzählt uns die Autorin vom Leben und regt die Kinder an, die Natur wieder neu zu erleben.

Hajo Bücken

Teil 1

Bunt sind schon die Wälder

Vom Herbst

Die Kornmuhme

Schon zu Zeiten unserer Urgroßväter und Großväter gab es das Erntedankfest. Ein Fest am Ende des Sommers, zur Ehre Gottes, wenn alles wohl gewachsen, gut gereift und geerntet war, die Scheunen voll für die lange Winterszeit waren.

Diesem Fest ging die harte Arbeit der Bauern voraus. Sie mußten schon vor Sonnenaufgang aufs Feld gehen und das Getreide mit ihren *Sensen* schneiden. In vielen Dörfern begann dieser Tag der Ernte mit einem Gottesdienst, und mit diesem Segen erhofften sich alle eine gute Einbringung der Ernte.

Um die Ähren wohlbehalten in die Scheunen zu bekommen, wurden sie zu großen *Garben* gebündelt und auf hohen Wagen nach Hause gefahren. Die allerletzte Garbe blieb nach einem alten Brauch auf dem Feld stehen. Mancherorts Kornmuhme genannt, sollte sie auch im nächsten Jahr gute Ernte bringen.

Jeder Bauer bewirtschaftete sein eigenes Feld, doch gefeiert wurde gemeinsam. Dieses Fest stellt einen Höhepunkt des Jahres dar: Die Arbeit von der Aussaat bis zur Ernte hatte sich gelohnt, nun durfte ein jeder feiern. Dazu schmückt man die Kirche mit Blumen, Feld- und Gartenfrüchten, um einen festlichen Dankgottesdienst zu begehen. Am Abend vergnügte sich Groß und Klein am Erntedankfeuer.

Alte Tradition ist bis heute überliefert. *Meditation,* Dank und Freude werden weitergegeben. Es ist schön, Althergebrachtes zu erleben.

Heute brauchen wir keine Sorgen mehr um die Ernte unserer Felder zu haben. Selbst in der kargen Winterszeit können wir uns an allen erdenklichen Früchten erfreuen, weil wir Früchte und Getreide aus anderen Ländern importieren. Neben Orangen, Bananen und Grapefruits gibt es Kiwis, Erdbeeren, frische Weintrauben, Erdnüsse. Die Menschen sehen darin nichts besonderes mehr. Den Dank empfinden sie als überflüssig. Nur einmal im Jahr wird daran gedacht.

In Hülle und Fülle

Was bedeutete Erntedank den Menschen früher? Sie brachten ihre Ernte glücklich ein. Endlich hatten sie das, wonach sie so lange zehrten, endlich waren alle Scheunen voll und es gab genug zu essen. Dafür wurde Gott mit einem Fest gedankt.

Pädagogischer Hinweis

Erklären Sie den Kindern die Begriffe *Sense, Garbe* und *Meditation*

■ GOTTES SCHÖPFUNG I

Wie die Menschen damals noch gedankt haben, das wurde zum Beispiel in den Psalmen aufgeschrieben. Weil es so viele gab, wurden sie geordnet. Ein ganz langer Psalm ist der Schöpfungspsalm. Hier danken die Menschen Gott für alles, was es in der Natur gibt. Für die Luft, die uns um die Nase bläst; für die Sonne, den Regen; die Blumen und Bäume; für die Tiere und auch für den Tag und die Nacht. Wie ein langes Lied reiht sich Strophe an Strophe. Hier ist der Anfang:

Danken für Sonne und Regen

Großer Gott, wir loben dich.
Du hast den Himmel geschaffen,
den wir jeden Tag sehen können.
Du gabst uns die Erde, auf der wir stehen.
Wir können sie fühlen, anfassen
und in ihr graben.
Samen wachsen aus der Erde, die wir ernten.
Früchte hängen an den Sträuchern und
Bäumen, sie machen uns satt.
Dafür danken wir dir.

■ VIELE KINDER, VIELE FRÜCHTE

Es war früher üblich, zu jedem Spaziergang eine alte Kiepe, einen Tragekorb mitzunehmen. Das ist ein Korb, geflochten aus Weidenruten. Getragen wurde er auf dem Rücken. Hier hinein kamen alle Schätze, die gefunden wurden: für das Feuerholz zu Hause kleine Zweige, die am Wegrand lagen; Kienzapfen und obenauf die Pilze.

Pädagogischer Hinweis

Da es heutzutage kaum noch solche Kiepen gibt, nehmen Jule, Olli, Meggi, Tom und wie ihr alle heißt, einen oder mehrere Stoffbeutel mit, die sind ebenso nützlich und leicht in der Jackentasche zu verstauen.

Sich vorher über Früchte und Pilze informieren und die Kinder auf typische Dinge an Pflanzen aufmerksam machen.

Nun kommt es darauf an, wohin euer Wanderweg euch führt. Geht ihr an Feldrändern entlang, lassen sich Holunderzweige, Mohnkapseln oder Hagebutten finden. Wollt ihr in Richtung Wald suchen, gibt es Bucheckern, Eichelhütchen, Kastanien, Haselnüsse, Pilze und Blaubeeren.

Aber auch an Wegrändern und in Gärten läßt sich vieles finden: Quitten, Walnüsse, Pflaumen, Äpfel, Sanddornbeeren. Nehmt euch ein Paar alte Handschuhe mit, denn an manchen Sträuchern wachsen Dornen.

■ GIFTPFLANZEN

Gefährliche Schönheiten

Auf dem Waldboden leuchtet ein besonders schöner Pilz, die Beeren an dem einen oder anderen Strauch sind extra groß, und trotzdem pflücken Tom und Jule keines von beiden. Nicht immer sind schöne Früchte und Beeren auch eßbar. Sehr giftig, können sie uns schaden, sobald sie in Hand und Mund gelangen. Als Schönheiten der Natur wollen wir sie trotzdem stehenlassen und bewundern. Betrachten Tom und Jule diese Früchte und Pflanzen genauer, entdecken sie vielfältige Formen und Farben:

Herbstzeitlose: Blume mit rosavioletten Blütenblättern, sechs an der Zahl. Blüht von August bis September; ist auf Wiesen und Hügelland zu finden.

Tollkirsche: Große schwarze Beeren hängen wie Kirschen am Strauch. Der Blätterkelch, auf dem die Frucht sitzt, hat fünf Zipfel. In Laub- und Buchenwäldern ist dieser Strauch zu finden.

Wasserschierling: Auch der bleibt am besten wo er ist, an Flußrändern und Seen. Schierling dieser Art sieht wie Möhrenkraut aus und das wächst im Garten.

Blauer Eisenhut: Blüht blau und sieht wie der Helm einer Ritterrüstung aus. Zu finden ist diese Pflanze in den Bergen an feuchten Stellen.

Fliegenpilz: Rötlich gefärbt mit weißen Punkten, fällt er jedem Wandersmann auf. Er hat einen weißlichen Stiel und unter dem Hut eine Schicht, wie ganz viele Blätter Papier aneinandergereiht und etwas auseinandergezogen; das sind die Lamellen.

Goldregen: Wie eine Kette von Regentropfen sehen diese Blüten wirklich aus. Sie sind dunkelgelb und hängen am Strauch. Zu finden sind sie an Wegrändern, in Gärten, am Bahndamm; den ganzen Mai.

■ TROCKENFRÜCHTE, OJE!

Von unserem Spaziergang zurückgekehrt, müssen
die vollen Beutel geleert und alle Früchte sortiert werden. Sonst klebt uns der Inhalt zu einem einzigen
Klumpen zusammen und die ganze Mühe ist dahin.
Also nehmen sich Olli und Meggi zuerst die Pilze
vor. Vom restlichen Walddreck gesäubert, werden sie
kleingeschnitten und auf eine ausgebreitete Zeitung
zum Trocknen ausgelegt.

Unsere Ernte

Da gibt es die großen Steinpilze, Rotkappen, Zie-
genlippen, Maronen und einen kleinen Birkenpilz, rei-
che Ernte. Nur den Fliegenpilz, den haben die beiden
im Wald gelassen.

Seid ihr euch über einen Pilz im Unklaren, dann
fragt jemanden, der die Pilze genau kennt, bevor ihr
diesen einen mit kleinschnipselt, es könnte ja ein Gift-
pilz sein.

Lieber fragen

Wal- und Haselnüsse werden in einen kleineren
Beutel gegeben, Kastanien schüttet ihr in eine Stiege
und hebt sie für den nächsten Tierparkbesuch auf.

Tom und Jule machen sich über die Hagebutten
und Sanddornbeeren her. Entstielt und gesäubert, kommen sie ebenfalls zum Trocknen auf eine Zeitung.

Alle Frucht- und Pflanzenteile zum Basteln heben
wir gesondert auf. Olli und Meggi haben sich eine Stiege geholt und legen das Sammelsurium hinein.

Nun sind da noch die Quitten, nach Omas altem
Brauch gehören sie in die Wäschetruhe, damit es gut
duftet. Ihr glaubt es nicht? Dann schnuppert einmal
daran! Ein süßlich herber Duft strömt euch entgegen.

Herber Duft

Allerdings, kochen kann man diese Früchte auch.
Da ihr nach dem Tag sicherlich geschafft seid, ist eine
Quittensuppe zur Stärkung gerade richtig.

Zum Kochen brauchen wir:
500 g Quitten
1 Stück unbehandelte Zitronenschale
100 g Zucker
50 g Grieß

Hm lecker!

Die gewaschenen, entkernten und grob zerschnittenen Quitten werden mit der Zitronenschale in 1 1/2 Liter kochendem Wasser weichgekocht, Deckel nicht vergessen. Danach durch ein Sieb streichen, Zucker unterrühren, nochmals aufkochen, den Grieß hinzufügen und mit dem Kochlöffel rühren, damit der Grieß quillt.

Guten Appetit!

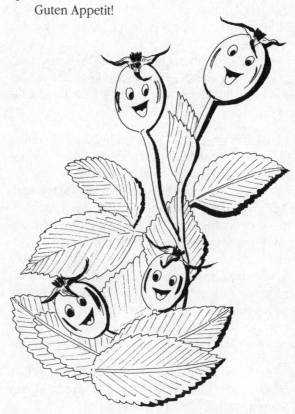

◼ DER WUNDERBEUTEL

Bevor wir unser gesammeltes Naturmaterial verbasteln, läßt es sich sehr gut ertasten. Fühlen ist gar nicht immer so einfach. Wer hat denn schon probiert, wie sich eine Hagebutte, eine Feder oder eine Haselnuß anfühlt?

Ein Tastspiel

Für unser Spiel benötigen wir:
einen kleinen Stoffbeutel,
kleine Stöcke und Steine,
Hagebutten, Eichelhütchen,
Rindenstücke, Nüsse und was euch noch einfällt.

Vor Spielbeginn werden einige dieser Dinge in den Beutel gesteckt. Nun gibt der Spielleiter einem Kind aus der Runde den Beutel. Dieser tastet ihn ab und beschreibt einen oder auch zwei Gegenstände, die sich darin befinden. Hat das Kind richtig geraten, darf es den Beutel neu füllen und ein Nächster ist an der Reihe.

◼ PFLAUMEN UND ÄPFEL

Für unser bevorstehendes Erntedankfest gibt es diesmal einen ganz besonderen Schmuck. Der bedarf etwas mehr Vorbereitung, deshalb also schon jetzt die Anleitung dazu. Als ersten Schritt suchen wir uns wieder das nötige Material und Handwerkszeug zusammen:

Ernteschmuck

eine große Schüssel voll Pflaumen,
viele süße Äpfel,
angespitzte Holzstäbchen, Watteträger z.B.,

15

etliche Walnüsse, dicke Stopfnadeln,
kleine Küchenmesser, einen Apfelentkerner,
eine Rolle haltbare, etwas dünnere Schnur,
einige Abfallteller, Kartoffelschäler,
kleine Holzbrettchen, ca. 4 x 3 cm,
etwas Buntpapier zum Verzieren,
Scheren, eventuell Papierleim,
einen kleinen Handbohrer.

Wenn alles beisammen ist, kann es losgehen. Ärmel hochgestreift, Hände vom Dreck befreit und Schürze übergeworfen. Pflaumen und Äpfel werden gewaschen und vorsichtig abgetrocknet.

Die Pflaumen bleiben ganz und werden auf einem mit Backpapier ausgelegtem Ofenblech in die Backröhre geschoben. Der Ofen wird am besten vorgeheizt und anschließend auf die niedrigste Stufe eingestellt. Bei dieser Temperatur fangen die Pflaumen an zu schrumpeln. Die Ofenklappe bleibt dabei offen.

Pädagogischer Hinweis

Übrige Apfelkerne können entweder als Meerschwein-Futter weiterverwandt oder aber in einen Blumentopf mit frischer Erde gesetzt werden. Bei guter Pflege wächst ein kleines Apfelbäumchen.

Nun schauen wir uns die Äpfel an. Sie müssen im Ganzen geschält und entkernt werden. Danach werden sie in mittelstarke Scheiben geschnitten und an der Schnur mittels Stopfnadel aufgefädelt. Besser ist es, mehrere kürzere Schnüre zu nehmen, damit das Gewicht nicht zu schwer wird. Außerdem ist es günstiger, statt dem großen Mittelloch ein kleineres zu stechen, um ein Zusammenrutschen der Apfelscheiben zu vermeiden. Ist eine Schnur voll, kann sie als Leine aufgehängt und der Gemeinde- oder Gruppenraum somit Stück um Stück geschmückt werden.

Zwischen den Apfelscheiben sollte jeweils ein kleiner Freiraum bleiben. So können diese richtig trocknen und kleben nicht zusammen.

Sind wir mit dem Aufhängen der Apfelscheiben fertig, wird der Backofen ausgeschaltet und die Pflaumen verbleiben zum Auskühlen im Ofen auf dem Blech.

■ EICHHÖRNCHEN WILHELMINE

Erzähltext

Es ist noch ganz früh am Morgen. Balduin wird durch ein Geräusch am Fenster munter. Eigentlich hat er noch gar nicht ausgeschlafen. Aber dieser Krach stört ihn, und so bleibt er wach. Klopfen, rascheln, klopfen, rascheln, immerfort. Balduin horcht und schaut. Da, ein buschiges rotbraunes Etwas. Direkt am Futterhaus bewegt es sich. Doch das steht noch vom letzten Winter leer. Ein Vogel kann es also nicht sein. Was dann?

Balduin will näher heranschleichen. Er steht leise auf. Erst hebt er das linke Bein vorsichtig aus dem Bett, dann das rechte. Ganz sacht gelingt ihm das. Nun robbt er zum Fenster. Fast ist er angelangt, doch zu dumm, er verheddert sich in der liegengelassenen Wäscheleine vom Dienstag. Dabei fällt ihm die Leselampe um und es gibt einen lauten Rums. Ärgerlich befreit sich Balduin aus seiner Schlinge und schimpft vor sich hin. Als er aber zum Fenster kommt, ist nichts mehr zu sehen.

„Schade", denkt Balduin und schaut zum Vogelhaus. Da staunt er nicht schlecht. Eine richtige Vorratskammer ist dort angelegt. Neben einer Menge Bucheckernsamen findet er drei Hasel-nüsse, Sonnenblumenkerne, einen angeknabberten Maiskolben und ganz in der Ecke einen Tannenzapfen. Einen Tannenzapfen? Der kann doch nur von seinem Baum vor dem Fenster sein. Verträumt wickelt Balduin die entfitzte Wäscheleine auf und wieder ein. Er merkt es gar nicht. Letztlich bleibt sie am Fensterknauf hängen.

Weil Balduin nun schon einmal auf ist, beschließt er, ein großes Stück Arbeit an diesem Tag zu verrichten. Er will Wäsche waschen. Zuerst ist alles Bunte dran: seine violetten Ringelsocken, das blaue Turnhemd, die weiße Badehose mit den grünen Palmen darauf und zum Schluß das schwarze Seidenhemd mit den Sommerblumen. Nun soll die Wäsche auf die Leine.

Bloß wo war diese nur? Balduin sucht und sucht, bis ihm der Morgen wieder einfällt. Tatsächlich, am Fenster findet er sie. Aber was ist hier los? Das Fenster steht immer noch weit offen. Ein Ende der Leine hängt am Knauf, und vor dem Fenster ist ein ordentliches Pfeifen zu hören.

Dicht am Vogelhaus, mitten im Ge-

17

wirr der Leine, sitzt ein kleines Eichhörnchen und versucht vergeblich, sich aus der Verstrickung zu befreien.

Da muß Balduin lachen: „Du warst also der Ruhestörer?" Behutsam entfesselt er das kleine Tier und setzt es auf das Fensterbrett zurück. Nun ist ihm auch klar, wofür das volle Vogelhaus bestimmt war. Eichhörnchen legen sich für die kalte Jahreszeit in Baumhöhlen und Erdlöchern einen Wintervorrat an. Das leere Vogelhaus kam dem kleinen Tier gerade recht.

Balduin kann das Eichhörnchen noch lange beobachten. Er nennt es Wilhelmine. Sie kommt jeden Morgen und schaut, ob der Vorrat da ist, schnuppert, äugt und dreht eine Ehrenrunde auf dem Fensterbrett, ehe sie elegant und in hohem Bogen auf dem Baumwipfel der Tanne springt und Balduins Augen entschwindet.

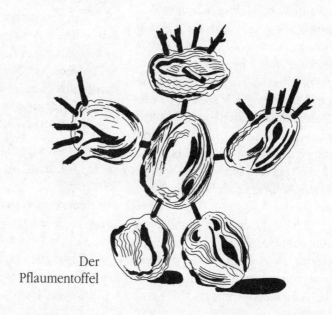

Der
Pflaumentoffel

■ HASELNUSSKICK

Schnelles Spiel

Zu spielen am Tisch. Drei Nüsse werden gebraucht. gespielt wird reihum. Zwei Nüsse bilden jeweils das Tor. Die dritte Haselnuß wird mit dem Finger leicht angeschubst. Rollt sie hindurch, bildet sich der neue Torpfosten und eine von den beiden anderen Nüssen wird durchgerollt.

Der Spieler kann weiterkicken, so lange, bis kein Tor erzielt wird oder die Nüsse aneinander stoßen.

Ist dies der Fall, darf es der nächste Spieler versuchen.

■ PFLAUMENTOFFEL

Bastelidee

Unsere Apfelringe sind schon etwas geschrumpelt. Die Abstände zu den Scheiben haben sich vergrößert. Jule und Meggi nehmen einige Ringe ab, denn die brauchen sie zur folgenden Bastelei. Inzwischen haben Tom und Olli die getrockneten Pflaumen aus dem Ofen geholt und sie in einer Schüssel zu dem anderen Material vom Vortag, wie Holzstäbchen, Walnüsse, Buntpapier und Kleber gestellt. Nun kann es mit den Pflaumentoffeln losgehen.

Wißt ihr überhaupt, woher der Pflaumentoffel stammt? Bastelt den kleinen Mann nach dieser Anleitung und ich werde euch inzwischen die Geschichte dazu erzählen.

Zu jedem Toffel benötigt ihr 13 getrocknete Pflaumen. Man nennt sie auch Backpflaumen, da sie ja vorher im Ofen gebacken wurden. Weiterhin nehmt ihr zwei angespitzte Holzstäbchen und schiebt auf jedes

Pflaumige Glieder

vorsichtig 4 Pflaumen, die unterste quer, die anderen längs. Schon sind die Beine fertig. Nun verbindet Ihr sie mit einem der getrockneten Apfelringe und schiebt auf beide Holzstäbchen gleichzeitig 3 Backpflaumen quer. Durch die dritte steckt ihr nun ein weiteres Holzstäbchen von der Seite hinein. Das werden die Arme, an jeder Seite einen Apfelring aufgespießt, nachfolgend eine Backpflaume längs und zum Abschluß noch einen kleineren Apfelring. Der Kopf besteht aus einer Walnuß. Diese wird mit dem Handbohrer gelocht, damit das Ende der Holzstäbchen eingeführt werden kann. Laßt euch dabei helfen, die Nüsse sind oft sehr hart und der Bohrer kann leicht abrutschen.

Zu guter Letzt malt ihr mit euren Filzstiften dem Pflaumentoffel noch ein Gesicht auf, steckt ihm eine Krawatte oder Schleife aus Buntpapier an den Hals und schmückt ihn mit einem bunten Hut aus gleichem Papier.

Für den besseren Stand nehmt ihr zwei der kleinen Holzbrettchen, bohrt in jede Mitte ein Loch und steckt mit einem Stubs Leim die beiden Beinhölzchen hinein.

Die gute Idee

Eigentlich ist der Pflaumentoffel auf dem Dresdener Striezelmarkt beheimatet. Nach alter Tradition werden dort jedes Jahr im Dezember die Dresdener Christstollen verkauft. Viele Buden und Stände mit süßen und herzhaften Köstlichkeiten laden dazu ein. Unter anderem werden immer gebrannte Mandeln und eben diese Pflaumentoffel zu finden sein.

Noch zu Anfängen des Dresdener Striezelmarktes verkaufte nur eine Frau getrocknete Pflaumen, eben diese Backpflaumen. Wie sie hergestellt werden, wißt ihr längst.

Die Frau war schon alt und hatte nur einen kleinen Stand in der Ecke des Marktes. Auf einem großen

Holzbrett türmten sich die Pflaumen, aber sie konnte rufen, so laut sie wollte, kaum ein Mensch kaufte von ihren herrlichen Backpflaumen. Die Leute hasteten vorbei und erledigten ihre Weihnachtseinkäufe. Lediglich ein paar hungrige Kinder strichen um den Stand herum. Die Frau gab ihnen von den Pflaumen, damit sie sich satt essen konnten. Als Dank dafür sammelten die Kinder für sie Holz, so konnte sie sich an einem Feuerchen wärmen. Unter dem Holz jedoch war ein ganz kleiner Ast dabei, mit vielen dünnen Zweigen.

Keine Käufer

Die Frau sah, daß er nicht brannte und zog ihn aus dem Feuer. Sie begann, nach und nach die Backpflaumen auf verschiedengroße Zweige aufzuspießen und ein Männlein daraus zu basteln. Es sah recht tolpatschig, aber lustig aus, wie es so auf seinen Pflaumenbeinen stand. Aus einem Männlein wurden zwei und drei und immer mehr. Jedesmal, wenn die Kinder neues Holz brachten, achteten sie darauf, daß auch einige dünne Zweige dabei waren. Schon von weitem riefen sie: „Pflaumentoffel, Pflaumentoffel, wunderlust'ge Pflaumentoffel." Neugierig kamen die Leute näher. Sie schauten und staunten, was sich da auf dem Holzbrett tummelte. Da stand ja eine ganze Parade an Pflaumenfiguren. So etwas hatten sie noch nicht gesehen. Jeder wollte Pflaumentoffel kaufen. Im Nu waren sie alle und immer noch gab es Leute, die keine hatten.

Toffelparade

Die alte Frau konnte es gar nicht fassen, alle ihre Pflaumen waren verkauft. Sie stand da und drehte einen dünnen Zweig in ihren Händen, während die Kinder um sie herumtanzten und die letzten Pflaumen in den Mund schoben.

■ FRUCHT, WO KOMMST DU HER?

Von Beeren,
Pilzen, Nüssen

Aus Wald, Feld und Garten haben wir die unterschiedlichsten Früchte gesammelt. Reich ist unsere Ernte ausgefallen. Immer wieder konnten Jule, Olli, Meggi, Tom und die anderen neue Beeren, Pilze und Nüsse entdecken. Jede Frucht, die sie fanden, sieht anders aus. Die Bucheckern z.B., haben ein rauhes Haus. Bis die Samen reif sind, bleibt die Schale geschlossen. Erst dann fällt die ganze Frucht vom Baum, die Hülle springt auf und der Samen purzelt heraus. Ehe alle Bucheckern aufgeplatzt sind, dauert es eine ganze Zeit. Der Herbst ist schon fast vorbei und auch die anderen Früchte sind gereift und abgeerntet. Denken wir an unsere Äpfel und Pflaumen, die zum Teil schon verarbeitet sind.

Es gibt aber auch Früchte, die können gar nicht bei uns wachsen, weil es zu kalt ist. Trotzdem dürfen wir sie genießen. Heute, zum Erntedankfest haben wir viele Früchte nebeneinander. Solche, die wir geerntet haben und solche, die aus wärmeren Ländern kommen. Hier kullern uns zwei große Orangen entgegen. Eine davon schneidet Tom auf. Sie ist sehr saftig und besteht aus lauter kleinen Tropfen. Wie die Zitrone, ge-

hört auch die Orange zu den Zitrusfrüchten. Diese wachsen z.B. in Spanien. Daneben legen Jule und Meggi die Weintrauben, grüne und blaue. Sie kommen aus Ungarn. Die kleine Kiwi stammt aus Neuseeland und hat einen weiten Weg hinter sich. Wenn Olli sie zerteilt, können wir winzige schwarze Körnchen im Fruchtfleisch entdecken, die Samen.

Lange Reise

Meggi hat Erdbeeren mit. Eigentlich ist die Ernte schon vorbei. Aber aus Israel werden sie zu uns gebracht. Nun, das hier ist nur eine kleine Auswahl der vielen Früchte, die Jahr für Jahr in der Natur reifen. Wir können staunen, mit welcher Vielfalt alles immer wieder neu wächst, gedeiht und uns zur Freude wird. Und mit diesem Bewußtsein, diesem Staunen und dieser Freude feiern wir das Erntedankfest.

■ BUNTE KISTE

In eine große Kiste oder Truhe paßt viel hinein. Sie kann ein Aufbewahrungsort für Kleidungsstücke sein. So haben bunte Tücher, Mützen und Hüte, ausgediente Taschen, Kleider, Röcke, Hosenbeine, Schärpen und ein Paar große Schifferstiefel prächtig darin Platz; eine wahre Fundgrube.

Aus welchen Ländern unsere Erntedankgaben herkommen, wissen Meggi, Tom, Olli, Jule und du. Wir wollen uns jetzt genauso ankleiden, wie die Menschen aus dem jeweiligen Land aussehen. Danach stellen wir uns gegenseitig vor.

Und woher kommst Du?

■ BUNTER SALAT

Früchte, die schnell verderben, wascht ihr, schneidet sie klein und verrührt sie mit etwas Zucker und Zitrone zu einem erfrischenden Salat.

23

■ FLAGGEN AUF DEM ERDBALL

Wißt ihr denn, wo sich die anderen Länder befinden, aus denen die verschiedenen Früchte kommen? Nun, so wollen wir sie suchen. Dazu nehmen wir uns eine große Pappe, legen sie am besten auf den Fußboden und malen die Erdkugel auf. Jetzt sind die Länder an der Reihe. Garnicht so einfach. Zwischen manchen ist viel Platz, ein Meer oder Ozean trennt sie voneinander.

Sind wir mit dem Aufmalen fertig, können die dazugehörigen Flaggen gebastelt und an das entsprechende Land gesteckt werden. Dazu benötigen wir Stifte, Buntpapier, kleine Watteträger, Schere und Leim.

■ BANANEN-SHAKE

Eine Erfrischung tut gut und gibt neue Kraft. Wir stellen uns den Bananentrunk selbst her.

Für 8 große Portionen brauchen wir:
2 Bananen
0,4 Liter Bitter Lemon
1/2 Liter Milch
1/4 Liter Sahne
500 g Vanilleeiscreme
Erdbeeren zum Garnieren

Die geschälten Bananen werden mit dem Bitter Lemon fein gemixt. Danach wird das Püree in den Eisbereiter gegossen und für 3 Stunden in das Gefrierfach gestellt. Milch und Vanilleeiscreme werden verschlagen. In jedes Glas werden 2–3 Bananen-Eiswürfel gegeben, darüber kommt das Shake. Die Erdbeeren waschen, halbieren und das Ganze damit verzieren.

■ WIND OSKAR UND WOLKE ROSALIND

Erzähltext

Es war einmal eine kleine rosa Wolke namens Rosalind. Hoch oben am Himmel segelte sie entlang und beschaute sich die Welt. Sah sie traurige Menschen, verweilte sie und schickte ihnen ein paar rosa Wolkentupfer hinunter, um sie wieder fröhlich zu machen. Erlebte sie freundliche Menschen, blieb Rosalind stehen und lauschte ihren Worten und Liedern.

Rosalind fand es schön, bei den Menschen zu sein und ihr Glück bliebe ungetrübt, wäre sie nicht dem Sturmwind Oskar begegnet.

„Guten Tag, kleine Rosalind!", rief ihr der Sturmwind schon von Weitem entgegen. „Was machst du so lange hier, Wolken können nicht stehenbleiben. Sie müssen fliegen, woanders werden sie dringend gebraucht."

Im Gefolge des Sturmwindes gab es viele Wolken. Der Wind zeigte auf sie und erklärte ihr: „Hier, schau her, die dicken dunklen Wolken schicke ich in ein Land, wo es sehr trocken ist. Sie werden dort regnen, damit Mensch, Pflanzen und Tiere Wasser haben."

„Diese hier" und er zeigte auf eine ziemlich helle mit rotem Rand, „wird in die Wüste segeln, um dort den Menschen den Sandsturm anzukündigen. Und die weißen kleinen Wolken sind dann zu finden, wenn die Sonne scheint. Du siehst, jede Wolke ist eine besondere und hat ihre Aufgabe. Wirst du nun mit mir kommen, um den Menschen zu helfen?"

Die Wolke Rosalind schaute den Wind Oskar an, sagte lange nichts und zupfte an ihren rosa Wolkentupfern. Dabei fiel einer ab und segelte auf die Erde, dort, wo er aufkam, begann es zu blühen und die Menschen wurden fröhlich.

„Nanu, Rosalind, was machst du? Wie kann so etwas sein? Kannst du etwa mehr als ich?"

Die Wolke lachte Wind Oskar an: „Nein, nein. Ich bin nicht besser als du und all die Wolken. Ich habe nur meine Aufgabe und deshalb bleibe ich hier."

Ich glaube, Sturmwind Oskar kann die kleine Wolke Rosalind verstehen, aber damit er dies nicht zugeben muß, fängt er an zu blasen, er bläst und bläst. Dabei verwandelt er die rosa Wolkentupfer von Rosalind in viele lustige Tiere, die über den Himmel schweben und wenn ihr eines davon entdeckt, so wißt ihr, ganz in der Nähe ist auch die kleine Wolke Rosalind.

■ GOTTES SCHÖPFUNG II

Die Menschen mußten schon sehr bald erfahren, daß der Wind nicht nur nützlich ist, sondern auch oft zerstört. Mit seiner Kraft entwurzelt er Bäume, hebt Dächer ab, verwüstet Felder und kentert Schiffe.

Sie lernten, sich zum Teil vor diesen Katastrophen zu schützen, indem sie Warnsignale erfanden und Hilfsmaßnahmen bereitstellten.

Danken für
Wind und Sturm

Die Kraft des Windes machten sich die Menschen aber auch zunutze. Sie bauen Windmühlen, in denen das Korn gemahlen wird, Drachensegler schweben durch die Luft und auch unsere Wäsche trocknet im Wind viel schneller.

Die Menschen waren froh über den Wind und schon damals, als der Schöpfungspsalm aufgeschrieben wurde, dankten sie Gott in einer der vielen Strophen für den Wind:

Großer Gott, wir loben dich
Du hast den Wind geschaffen,
den wir nicht sehen können, aber spüren.
Wir brauchen seine frische Luft zum Atmen.
Mit seiner Kraft treibt er uns
die Regenwolken zu.
Die Saat und alle Pflanzen
können wachsen.
Manchmal kommt er mit zu viel Kraft,
dann müssen wir uns vor ihm schützen.
Du läßt ihn aber auch ganz sacht wehen.
Dafür danken wir dir.

■ WOLKENPUSTEN

Wenn Meggi und Jule in den Herbsthimmel schauen, sehen sie die Wolken ziehen.

Große dunkle und kleine helle Wolken scheinen sich zu jagen. Sie laufen ineinander und fast sieht alles wie eine unendliche Wiese aus, aber nicht lange. Die weißen kleinen wachsen zu einem Krokodil zusammen und fressen die schwarzen Wolken vom Rand her auf. Dick und vollgefressen zieht das Krokodil weiter. Doch es hat nicht genug. Hier und da schnappt es nach einem Wolkenfetzen und wird dicker und dicker.

Wilde Jagd am Himmel

Jule kann gerade noch sehen, wie es auseinanderplatzt und wie ein dicker Tintenklecks am Himmel hängt. Im Nu fängt es an zu regnen und Jule rennt mit Meggi ins Haus. Das scheint ein richtiges Gewitter zu werden.

Die beiden holen ihre Farben hervor und zaubern mit viel Wasser einen prächtigen Wolkenhimmel auf ein großes Blatt Papier. Grün und blau und ein wenig rot laufen die Farben ineinander. Mit dem Trinkhalm pusten sie die Gebilde auseinander und wieder zusammen, ganz so, wie sie es eben erlebten. Als die Wolkenjagd beendet ist, schauen sie zum Fenster hinaus und der Himmel strahlt im schönsten Blau, so, als hätte es ihn nie anders gegeben.

■ EIN GANZER HAUFEN

Die Bäume sind vom Wind leergefegt. Alles Laub liegt unten. Wenn Jule jetzt früh zum Kindergarten geht, dauert es ein paar Minuten länger. Sie schlurft mit ihren Füßen durch das Laub und läßt es herrlich rascheln. Hin und her treibt sie die Blätter, bis zum Kindergarten. Als Jule auf Tom trifft, tragen beide das viele Laub auf

27

dem Kindergartenhof zusammen. Es wird ein Riesenberg. Inzwischen sind andere auch hinzugekommen und alle springen nach Herzenslust ins Laub. Jule hat ganz schön zu tun, damit sie die oberste Spitze erreicht. Ehe der Nächste startet, fegt sie schnell das Laub wieder zusammen, denn auch Meggi will weich landen.

■ WINDRAD UND ZAUBERBALL

Pädagogischer Hinweis

Erklären Sie
die Begriffe
Able und *Pappmaché*

Die Kraft des Windes können wir sehen und auch selbst ausprobieren. Benötigt werden: Pappe, Schere, Untertasse, Stift, für das Windrad und Stecknadeln, *Pappmaché*kugel, Korken, knickbarer Trinkhalm, *Able* oder Handbohrer, für den Zauberball.

Meggi entscheidet sich zuerst für das Windrad. Den Kreisumfang der Untertasse überträgt sie auf das Stück Pappe, einen kleineren Kreis zeichnet sie in den großen hinein und schneidet den großen mit der Schere aus. Der kleine Kreis bleibt und in ihm werden Linien wie Kuchenstücke eingezeichnet. Diese Ecken schneidet Meggi so aus, daß sie als Dreiecke am Kreis verbleiben und abwechselnd eins nach oben und eines nach unten gebogen werden. Mit eigener Puste oder im Freien kann das Windrad in Bewegung gebracht werden.

Jule bastelt den Zauberball und hat sich die Materialien dazu schon zurechtgelegt.

Zuerst bohrt sie mit der Ahle längs ein Loch durch die Korkmitte. Ist das geschehen, steckt Jule den Korken auf den Trinkhalm, so daß er genau an dem einen Ende sitzt. Nun spießt sie die Stecknadeln um die Korkmitte wie einen Kranz auf.

Zum Schluß wird die kleine Pappmachékugel in die Kranzmitte gelegt und kräftig durch den Trinkhalm geblasen. Ihr werdet sehen, die Kugel steigt wie von Zauberhand in die Höhe. Durch den Luftstoß hebt der Ball ab und beginnt zu tanzen.

Pädagogischer Hinweis

■ IGEL, WO IST DEIN BETT?

Wo und wie leben Hase, Maus, Wildschwein, Igel und all die anderen Tiere in der freien Wildbahn? Gibt es die noch in der heutigen Zeit?

Vier ganz wichtige Punkte aus den Problemen und Bedürfnissen der Kinder haben uns zu diesem Projekt geführt:

Die Kinder leben in einer viel zu lauten Umwelt, um die Tiere wirklich in Ruhe beobachten zu können. Es gibt keine naturbelassenen Orte in der Nähe unserer Stadt. Die Aggressivität der Kinder führt eher zum Zerstören der Natur als zur Achtung vor Pflanzen und Tieren. Außerdem führt der begrenzte eigene Umgang der Erzieherinnen mit der Natur zu festgelegten Abläufen und Unsicherheiten gegenüber den Kindern. Anstoß zu unserem Projekt fanden wir in der Umgestaltung unseres Kindergartenhofes. Mit Hilfe von Naturmaterial erfahren die Kinder, daß sie sich austoben können, ohne die Natur zu zerstören. Sie erleben, daß die Natur sich wandelt und jeden Tag neu zu entdecken ist. Ein Gefühl der Geborgenheit stellt sich ein. Die Kinder beginnen, ihre kleine Oase zu schützen und in ihr zu le-

Das hier beschriebene Projekt hat zum Ziel, Aggressionen der Kinder gegenüber der Natur abzubauen. Die einzelnen Bausteine des Projektes sind Beobachtung von Tieren und Pflanzen, Umgestaltung des Kindergartengeländes, Rollenspiele und die Beschäftigung mit verschiedenen Materialien. Beziehen Sie in die Planungsphase genügend Zeit zur Vorbereitung wie zu Kontakten mit den verschiedenen Institutionen (Zoo, Förster etc.) ein.

ben. Sie spüren: Die Natur ist kostbar und sie selbst gehören dazu.

Einführend überlegten wir uns gemeinsam, was das Wort Natur alles umfaßt. Die Kinder kamen auf viele Ideen und trugen eine Menge zusammen. Als Symbol dieser Gedanken wählten sie den Baum in allen vier Jahreszeiten, malten ihn auf ein Blatt Papier und befestigten es an der Wand. Im Laufe der nächsten Tage sollten noch weitere Blätter folgen.

Symbol Baum

Zur Natur gehört auch die Umwelt und zur Umwelt die eigene Wohnung. Nach Meinung der Kinder ist der eigene Raum besonders wichtig.

Wir besorgten uns viele große Kartons z.B. von Waschmaschinen, Möbeln, Fernsehern. Jeder konnte sich nun allein oder mit Freunden gemeinsam ein Haus einrichten. Materialien wie Plakatfarben, Kleber, Stoffe, Papier, Pappe, Scheren und Schnur standen den Kindern zur Verfügung.

Spielplatz Haus

Manche Häuser wurden so groß, daß sie im Flur ihren Platz fanden. Andere sahen klein und gemütlich aus, konnten aber nur durch Hineinkriechen auf allen Vieren erreicht werden. Durch Bücken und Rollen gelangten die Kinder in jede Ecke.

Sich hinhocken wie ein Hase, kleinmachen wie eine Maus und schlängeln wie der Regenwurm, das waren dabei die häufigsten Bewegungen der Kinder. Rhythmisch unterstützten wir diese Bewegungen mit verschiedenen Klängen (z.B. von der Schallplatte „Tierpotpourri", Fidula) Gangarten von Fuchs, Elefant, Reh und Wildschwein kamen hinzu.

Lebensraum Hof

Im Gespräch über unsere Hofgestaltung, starteten einige Kinder mit Kassettenrecorder und Mikrofon im Kindergarten eine Umfrage. Dazu kamen Ideen von Sandkastenumsetzung bis hin zum Blätterhaus.

Eine Gruppe formte inzwischen ihre Hofvorstellungen aus Knete, um die Modelle dann im Ofen zu backen und aufzustellen.

Eine Bitte der Kinder war, den stachligen Giftdornenstrauch mit den schönen Beeren stehenzulassen. Sie wollten auch nicht davon essen! Die Kinder konnten zwei Löwenbabys bestaunen. Ein Zirkus hatte sie dem Tiergarten geschenkt. Die Kinder schauten beim Füttern zu und durften die kleinen Knäule streicheln.

Löwenbabys

Zurück im Kindergarten, bauten manche ihr Haus zu einer Höhle um und fütterten sich gegenseitig mit ihrem restlichen Frühstücksbrot. Raufen und Balgen waren mit einbezogen.

Tags darauf kam Kasperls Großmutter zu Besuch und hatte ganz viele Tierfotos mit. Die Kinder fingen an zu sortieren und unterteilten dabei die Tiere in Wald-, Haus- und Zootiere. Dann versuchten sie Paare zu bilden, also zwei Hasen, zwei Igel, zwei Löwen und zum Schluß fanden sie zwei Schweine. Wir versuchten ein Spiel: Dazu verteilten wir die sortierten Tierpaare verdeckt als Lose. Jeder schaute sich sein Tier an, ohne es dem anderen zu zeigen und gab die Karte dem Spielleiter zurück. Nun mußte jeder mittels typischem Tierlaut oder den dazugehörigen Bewegungen sein Tier darstellen und versuchen, seinen Partner zu finden. War das ein Quietschen, Quacken, Bellen und Miauen.

Tierpaare

Erst legte jeder so laut wie möglich los, um nach und nach leiser zu werden und auf die anderen Töne zu hören. Sich zu finden, war für die Kleineren gar nicht so einfach.

Für die darauffolgenden Tage suchte sich jede Gruppe ein entsprechendes Tier der freien Natur zur Beobachtung aus. Die Kinder gingen mit dem Fotoapparat auf Pirsch, ließen sich eine Werkzeugecke von den Eltern und Erziehern einrichten und bauten Höhlen aus zusammengesammeltem Material wie Zweigen, Stöcken, Schnur, Brettern und Laub mit Hammer, Nägeln und Zange zusammen. Zum Kennenlernen der Tiere gehörten der Körperbau, die Bewegungen und Laute sowie ihre Lebensweise.

Fotopirsch

Um die Entdeckungen nicht nur fotografisch fest-
zuhalten, wagten wir uns an eine Stoffapplikation, die
von Zeit zu Zeit ergänzt wurde.

Ein Wandertag in Begleitung des Försters wurde
zum besonderen Erlebnis. Ausgestattet mit Rucksack
und Wanderstab, ging es früh los und erst am Nach-
mittag kehrten wir geschafft heim. Wir sahen Rehe, einen Ameisenhaufen, und hörten den Eichelhäher kräch-
zen. Auf einem Hochstand genossen wir die Aussicht.

Jedes Ergebnis, jede Aktion und jede Beobachtung
einer Gruppe wurde von den anderen begutachtet.

Einen Raum konnten die Kinder für alle Dinge nutzen, die mit dem Projekt im Zusammenhang standen.
Die Kinder planten eine Ausstellung mit selbstgestal-
tetem Programm. Doch noch ist das Projekt nicht beendet und die Vernissage wartet auf ihre Eröffnung.

Eine Vernissage ist eine feierliche Eröffnung einer Ausstellung

■ GOTTES SCHÖPFUNG III

Viele Tiere leben auf der Erde. Es gibt große und
kleine. Nicht alle können wir mit Namen benennen.
Trotzdem gibt es sie. Dafür danken wir Gott in einer
weiteren Psalmstrophe:

Großer Gott, wir loben dich.
Du hast allen Tieren ein Kleid
gegeben, auch dem Igel. Er hat Stacheln,
zum Schutz vor seinen Feinden.
Zu einer Kugel gerollt, kann ihm keiner
etwas anhaben. Manchmal benutzt er diese
Spitzen auch zur Nahrungssuche und
zum Nestbau. Apfelstücken, Blätter und
Pflaumen kann er so aufspießen.

Teil 2

Draußen wird es kälter

Im Winter

Spuren im Schnee

Viele Vögel sind hier anzutreffen: Amseln, Rotkehlchen und sogar ein Specht.
Für die Meisen wollen wir eine Meisenglocke bauen, da diese Vögel sich gern an einen Ast hängen, bevor sie ihr Futter aufpicken. Dazu sind nötig ein Tonblumentopf, ein Stock mit einer Bohrung an dem einen Ende zum späteren Aufhängen, außerdem sollte der Stock in das Bodenloch des Topfes passen, weiterhin brauchen wir Strick, Kokosfett und Sonnenblumenkerne.

Kalt ist es geworden. Das letzte Grün ist längst verwelkt, die Erde ist hartgefroren und die meisten Tiere sind schon in ihrem Winterversteck. Nur die Spatzen tschilpen laut und suchen nach Futter. Der Boden ist weiß und gibt nichts mehr frei. Spatz Jonni hüpft hungrig umher.
Seine kleinen Zehen hinterlassen Spuren im Schnee. Da entdeckte er das Vogelhaus, angefüllt mit vielen Körnern. Einige kennt er nicht, aber sie schmecken ihm alle.

Zuerst wird der Stock am Topf befestigt und zwar so, daß der Topf verkehrt herum aufgesteckt wird. Vom Stock schaut ein Stück oben heraus, denn daran befestigen wir die Schnur. Das andere Stockende ist etwas länger und dient später als Festhaltestange der Meisen.

Nun erhitzen wir das Fett, bis es flüssig ist und mischen die Sonnenblumenkerne unter.

Das Topfloch verdichten wir eventuell noch mit etwas Papier und gießen das Fett hinein, lassen alles erkalten und können nun die Meisenglocke aufhängen.

Eiskristalle

Staunend sitzen Robert und Butzi am Fenster. Es glitzert und funkelt wie lauter Diamanten. Durch den starken Nachtfrost sind die Fenster mit vielen Eisblumen übersät. Kommen die beiden mit ihrem Atem näher, schmilzt die ganze Pracht und ist verschwunden.

Wir wollen ein wenig experimentieren. Dazu brauchen wir Trinkhalme, flache Gefäße und eine kalte Seifenlauge.

Wenn wir nun warm angezogen ins Freie gehen und kleine Seifenblasen produzieren, werden sie zu Glaskugeln gefrieren, vorausgesetzt, es ist kalt genug dazu.

Erzähltext

■ DER NEBEL NEBUMUK

Auf einmal war er da, ganz einfach da. Langsam, aber zielstrebig breitete er sich aus, legte sich zuerst auf die Wälder und verschluckte die Baumwipfel, kroch dann auf die Stadt zu. Er ließ sich von keinem Straßenschild an seinem Weg hindern, floß gestaltlos an Hausmauern entlang, wabberte über die Straßen und machte ganze Stadtviertel unsichtbar.

Bald war er so dicht, der Nebel Nebumuk, daß man kaum noch die eigene Hand vor Augen sehen konnte. Die Menschen mußten ihre Autos und Räder abstellen und wie die anderen zu Fuß weiterlaufen. Ein Laufen war das jedoch nicht, man ging langsam und vorsichtig, war doch nichts, aber auch gar nichts zu sehen.
Ein eigenartiges und beängstigendes Gefühl. Immer einmal hörte man ein Geräusch oder einen Ruf, wußte aber nicht, woher die Laute kamen. Viele Leute klagten oder schimpften laut: „Ist das ein schrecklicher Nebel!" oder „Verdammter Mist!" oder „Das darf doch gar nicht wahr sein!" Der Nebel Nebumuk hörte es und grinste. Er hätte sich ins Fäustchen gelacht, aber so etwas besitzen Nebel bekanntlich nicht.

Die ersten Menschen stießen sich die Köpfe an Hausmauern und Straßenschildern, sie stolperten über Unebenheiten auf den Wegen oder über Bordsteine. Langsam gingen sie dazu über, sich wie Blinde vorzutasten, mußten sich ihren Weg erfühlen, an den Mauern oder an Zäunen entlang. Es gab einen ganzen Chor von Ausrufen wie „Au!" und „Oje!".
Doch irgendwann begannen sie zu rufen, um sich vor anderen und andere vor sich zu warnen. Sie fingen

sich an untereinander zu verständigen, machten sich gegenseitig auf Hindernisse aufmerksam. Manche nahmen sich sogar bei der Hand und gingen ein Stück des beschwerlichen Weges gemeinsam. Andere stellten sich einfach zusammen und hielten ein Schwätzchen, man hatte es ja nicht mehr eilig, wie denn auch. Es gab sogar Einladungen in die Häuser und Wohnungen, wenn einmal der Weg geschafft war.

Der Nebel Nebumuk bemerkte es und lächelte. Er zog sich noch ein wenig dichter zusammen und lauschte gespannt den Gesprächen der Menschen. Sie waren jetzt gar nicht mehr so wütend auf ihn. Angst und Beklemmung wichen langsam von ihnen. Nein, sie schienen es im Gegenteil zu genießen, daß alle Räder stillstanden, daß man nicht mehr hastig von einem Ort zum anderen eilen konnte. Sie halfen einander, weil sie merkten, daß sie sich brauchten.

Ganz behutsam zog sich der Nebel Nebumuk zurück, so, als wolle er die Menschen nicht bei ihren Gesprächen stören. Und wirklich: Manche blieben einfach beieinander stehen, obwohl man schon wieder gut sehen könnte und seinen Weg hätte fortsetzen können. Sie waren miteinander im Gespräch – und ich glaube, an diesem Tag sind eine Menge neuer Freundschaften geschlossen worden.

■ GOTTES SCHÖPFUNG IV

Schnee, Regen, Hagel und Nebel können auf die Dauer schon zu viel werden. Wie gut, daß uns zwischendurch immer einmal die Sonne mit ihren Strahlen kitzelt. Sie kommt im Winter sehr sacht, und wird im Frühjahr wärmer, um uns im Sommer ihre ganze Kraft zu schenken. Wäre nur sie unser ständiger Gast, hätten wir bald kein Wasser mehr. Das Gras müßte welken, die Bäume würden ihre Blätter nach und nach verlieren, Menschen und Vieh bekämen immer größeren Durst.

Danken für Schnee und Hagel

Gut, daß es hin und wieder Regen gibt. Auch der Hagel, Schnee und Nebel bestehen aus Wasser. Die Erde nimmt es auf und kann es besonders für die Sommermonate speichern.

Wir können das Wetter nicht in dem Sinne beeinflussen, daß wir es bestellen, wie beim Bäcker die Semmeln. Das ist auch gut so. Es gäbe ja ständig andere Wünsche und wir hätten das ganze Jahr April. Manche Dinge können wir einfach nicht ändern und auch dafür danken wir:

> *Großer Gott, wir loben dich.*
> *Du gabst uns nicht nur die Sonne,*
> *sondern auch den Regen, die Hagelkörner,*
> *den Schnee und den Nebel.*
> *Manchmal fällt es schwer, sich darüber zu*
> *freuen. Besonders dann, wenn wir etwas*
> *anderes mit dem Wetter vorhaben und es*
> *statt dem Sonnenschein plötzlich hagelt.*
> *Jedes Wetter hat seinen Sinn.*
> *Dafür danken wir Dir.*

■ OPA JANSENS BAUERNREGELN

Kräht der Hahn auf dem Mist, ändert sich das Wetter oder es bleibt wie es ist. – Das ist eine Bauernregel, die immer zutrifft, denn ein Hahn kräht, wenn er Lust hat.

Die Menschen richten sich nach dem Wetter und der Jahreszeit, denn viele Dinge können nicht immer getan werden. Gesät wird im Frühjahr, geerntet im Spätsommer und Herbst. Baden gehen wir, wenn es warm ist, Drachen steigen lassen funktioniert nur bei Wind und die Wäsche kann im Regen auch nicht trocknen. Also beobachteten die Menschen schon früher das Wetter sehr genau und stellten Regeln auf.

Vom Wetter sind viele abhängig

Besonders die Bauern waren darauf angewiesen. Denn danach richteten sie die Bestellung ihrer Felder. Das ist teilweise heute noch so. Fragt mal eure Großeltern, sicherlich kennen sie auch noch solche Regeln.

Opa Jansen war früher einmal Bauer. Eine kleine Auswahl seiner Bauernsprüche hat er euch hier aufgeschrieben:

Schläft im *Januar* das Grün,
werden Feld und Wald bald blühn.

Wenn im *Februar* die Mücken geigen,
müssen sie im Märzen schweigen.

Wenn im *März* die Nebel steigen.
so viel Gewitter im Sommer sich zeigen.

Wenn der Frost im *Januar* nicht kommen will,
kommt er sicher im *März* oder April.

Wenn der *Februar* recht kalt,
wird der Winter gar nicht alt.

*April*sturm und Regenwucht,
künden Wein und goldne Frucht.

Mai kühl und naß,
füllt dem Bauern Scheun und Faß.

Lassen die Frösche sich hören mit Knarren,
wirst du nicht länger auf Regen harren.

■ WETTERBILD

Nachdem Olli, Jule, Tom und Meggi einige Wetter-regeln gesammelt haben, wollen sie dazu malen. Doch es soll ein ganz besonderes Bild werden. Sie holen sich Plakatfarben, dicke und dünne Pinsel, farblosen Sprüh-lack, zwei gleichgroße Pappen, Scheren, Wasserbecher, alte Lappen für die Pinsel, Leim für Pappe und Papier, Klebeband und Sicherheitsnadeln.

Gute Idee für kleine Maler

Nun schlüpfen sie in ihre Malerkittel und legen los. Mit Pinsel und Plakatfarben malen sie auf die eine Pap-pe alles, was ihnen von den Bauernregeln gefällt und in den Sinn kommt. Am Schluß ergeben viele kleine Bilder ein großes.

Um die Farbe haltbar zu machen, wird sie nach dem Trocknen mit Lack übersprüht. Ist dieser auch trocken, drehen die Kinder das Bild um und malen mit einem Bleistift auf die Papprückseite lauter Regentrop-fen, dicht an dicht, zirka 7 cm groß.

Nun werden diese vorsichtig ausgeschnitten, aber so, daß das restliche Blatt unversehrt bleibt. Das Bild-gerippe drehen wir wieder herum und kleben es mit dem Leim genau auf die andere Pappe. Jetzt können die Tropfen mittels Klebeband wieder eingesetzt wer-den und das ganze Bild hängt ihr als Raumschmuck auf.

Zu besonderen Anlässen oder wenn ihr Gäste habt, können die einzelnen Tropfen abgenommen und mit Hilfe einer Sicherheitsnadel in kleine Anstecker ver-wandelt und verschenkt werden.

■ KERZENSCHEIN

Wenn es draußen stürmt und schneit und wir recht durchgefroren unsere Stiefel abklopfen, denken wir gern an den warmen Ofen. Dort wird uns schnell wieder wohlig. Wir machen es uns gemütlich und brennen eine Kerze an. Meggi und Olli tun dies öfter. Dabei bleibt jedesmal ein Kerzenstummel übrig. Schon eine ganze Zeit sammeln beide. Es soll eine neue Kerze daraus entstehen. Immer wieder zählt Meggi die Stummel: „Wann werden sie wohl endlich reichen?"

Doch heute gibt Olli sein Geheimrezept preis. Er holt eine kleinere leere runde Kakaodose, stibitzt die vielen Eiswürfel aus dem Kühlfach und legt einen langen Docht bereit. Jetzt kann es losgehen: Vorsichtig erhitzt Meggi das Wachs in einem alten Topf, fischt mit einem Löffel die restlichen Dochtstückchen heraus und gießt es nun zu den Eiswürfeln in das Kakaogefäß. Olli ∙schiebt schnell den langen neuen Docht in die Mitte und beide warten gespannt, was nun werden wird. Das Wachs erkaltet und mit einem spitzen Messer holt Olli die Kerze aus dem Gefäß. Meggi staunt: Anstelle des geschmolzenen Eises befinden sich lauter Löcher, die sich bis ins Kerzeninnere winden und beim Anbrennen viele Schatten spielen lassen.

Wir lassen es Licht werden

■ DER KERZENSTÄNDER

Für diese Bastelei benötigen wir einen Klumpen Ton, verpackt in feuchte Tücher, damit er nicht austrocknet, weiterhin Bucheckernhülsen, etwas Klebstoff und einen vorgeheizten Backofen. Der Tonklumpen wird geteilt. Je nach Größe des geplanten Kerzenständers nimmt sich jeder sein Stück. Zuerst kneten wir die Masse gründlich durch, dann können wir beginnen.

Zwei Modelle

Das einfachste Modell wäre, eine Kugel zu formen, ein Loch für die Kerze hineinzudrücken, die Kugel unten etwas abzuflachen und nach dem Brennen die Bucheckernhülsen an den Rand zu kleben.

Eine andere Möglichkeit: den Kerzenständer aus einer einzigen Tonrolle herstellen. Sie wird so lange gedreht, bis sie dünn wie eine Schnur ist. Diese Tonschnur wird wie eine Spirale aufeinandergelegt. Auch jetzt können nach dem Backen zur Zierde Bucheckern aufgeklebt werden.

■ DER SCHATTEN UND DIE HAND

Ein kleines Licht brennt und erhellt den langen Winterabend. Es leuchtet so sehr, daß die Strahlen an der Wand entlangwandern. Hin und her tanzen sie, geben keine Ruh. Zu dem Licht gesellt sich eine Hand. Leise und schnell ist sie da. Sie umfaßt das Licht. Plötzlich ist es dunkel. Nicht lange; die Hand gibt das Licht wieder frei und fängt an, mit ihm zu spielen. Zuerst krabbelt sie zwischen das Licht und die Wand. Dann reckt und streckt sie sich, jeden Finger einzeln.

Hebt die Hand nur Zeige- und Mittelfinger gleichzeitig hoch, spielt ein Hase mit den Strahlen an der Wand Haschen. Die Hand krümmt ihre Finger und ein Hund taucht auf. Dazu knickt sie den Zeigefinger ein und streckt alle anderen in einer Linie nach vorn. Nur der Daumen bewegt sich als Maul. Der Hund fängt an zu knurren. Er hat einen Truthahn entdeckt.

Und: Unsere Hand ist nicht mehr allein, eine zweite hat sich eingefunden. Der Truthahn bläst sich mächtig auf. Die Finger der einen Hand bilden eine Faust, öffnen sie leicht und der Daumen legt sich gerade nach oben über den Zeigefinger. Die andere Hand umfaßt das Handgelenk der ersteren. Kaum hat sich der Truthahn so richtig aufgeblasen, kommt der Bauer mit sei-

Pädagogischer Hinweis

Das Licht im rechten Winkel zur Wand strahlen lassen.
Die Hände zeigen mit dem Handrücken zur Wand.

nem Sonntagshut daher. Die linke Hand streckt sich aus zum Guten-Tag-Sagen und die rechte legt sich hinein. Sie umschließen sich und nur der Zeigefinger der linken Hand reckt sich nach vorn. Der Bauer hat keine Zeit, er schaut nach seiner Taube, die gerade heimkehrt. Beide Hände zeigen mit dem ausgestreckten Handrücken zur Wand und die Handgelenke kreuzen sich, dabei finden die Daumen zueinander und bilden den Kopf. Die Taube fliegt viel zu weit, und schnell sind die Hände dem Licht entschwunden.

■ SCHNEEHÖHLE

Im Schnee läßt es sich herrlich toben. Jule und Meggi liefern sich eine Schneeballschlacht und Tom rollt mit Olli einen Schneemann. Da kommt ihr Freund Robert daher und hat eine glänzende Idee. Hört sie euch an. Er will eine Schneehöhle bauen. Die anderen sind begeistert und sofort geht es los.

Tom und Jule rollen die eine Lawine, Robert mit seinem Bruder Butzi die andere, für das letzte Stück sind Meggi und Olli zuständig. Vorsichtig werden die Schneemassen übereinandergestülpt und mit etwas Wasser verstrichen. Von innen wird Schnee dazugeklopft und als Dach eine Kuppel geformt. Das ist die schwierigste Arbeit. Zwei der Kinder müssen halten und einer baut. Zur Unterstützung werden Zweige mit eingebaut. Über Nacht muß nun alles fest werden und die Kinder hoffen, daß der Frost richtig um das Schneehaus streicht.

Väterchen Frost
muß helfen

43

■ DER TRAUM VOM SCHNEEMÄDCHEN

Erzähltext

*Eines Nachts hatte ich einen son-
derbaren Traum. Ich will ihn euch gerne erzählen.*

*Es hatte geschneit. Unser Wohn-
haus, der kleine Vorgarten, die Straße,
alles war mit einem weichen weißen
Teppich bedeckt. Ich träumte, mein
Bruder und ich lieferten uns eine heiße
Schneeballschlacht. Als es uns zu lang-
weilig wurde, wollte Andreas, so heißt
nämlich mein Bruder, einen Schneemann bauen. Ich fand das nicht so
toll:*

*„Immer Schneemänner. Können
wir nicht mal einen richtigen Menschen bauen? Das wäre doch was. Und
dann spielen wir mit ihm." Da ich ein
Mädchen bin und den Vorschlag gemacht hatte, bauten wir auch ein
Mädchen. Es wurde richtig schön und
sah fast lebendig aus. Und dann blies
der Wind und … wir konnten es gar
nicht fassen, plötzlich bewegte sich das
Haar des Mädchens im Wind, es wurde
tatsächlich langsam lebendig!*

*Wir beide starrten das Schneemäd-
chen an, aber es lachte vergnügt, tanz-
te und spielte mit uns den ganzen Tag.
Als es dunkel wurde, rief uns Mutti
hinein. Sie staunte nicht schlecht, als
wir ihr das Schneemädchen vorstellten.
Aber dann meinte sie:*

*„Es wird sich erkälten in seinem
leichten Kleid. Bringt es mit in die Wohnung, da ist es schön warm."*

*Natürlich wollten wir ihr erklären,
daß Schneemädchen nicht in die Wärme dürfen, aber Mutti lachte nur und
meinte:*

*„Für mich sieht es aber ganz wie
ein richtiges Mädchen aus." Doch als
wir dann alle beim Abendbrot saßen,
da geschah dann, was Andreas und
ich befürchtet hatten: Das Schneemädchen begann zu weinen, langsam flos-
sen die Tränen aus seinen Augen. Sie
wurden immer mehr und immer
dicker. Langsam zerschmolz das Gesicht, das Kleid und der Körper des
Schneemädchens.*

*Ich war so traurig, daß ich auf-
wachte. Am nächsten Tag erzählte ich
meiner Mutter den merkwürdigen
Traum. Sie schaute ganz ernst, lachte
aber dann und meinte, es sei ja nur
ein Traum gewesen.*

Meint ihr das auch?

■ SCHLITTEN GLITTEN

Auch kleinen Kindern macht der Umgang mit Sprache, mit den für sie noch so merkwürdigen Wörtern, großen Spaß. Wenn also das Wetter wirklich einmal einen Strich durch die Rechnung macht und die Rabauken so gar nicht ruhig zu halten sind, versuchen Sie mit ihnen doch einmal ein kleines Sprachspielchen.

Dazu verwenden Sie die (und andere) verrückten Sätze, die hier folgen. Sie werden den Kindern vorgesprochen, die versuchen, sie nachzuspre-chen. Dabei werden sie sich oft ver-haspeln. In unseren Kindergruppen gab es vor lauter Eifer hochrote Köpfe. Nur sollten Sie danach die Begriffe in deren Bedeutung erklären.

Und wundern Sie sich nicht allzu sehr, wenn die Kleinen nur noch in den „unaussprechlichen" Sätzen mit-einander reden!

1. unaussprechlicher Winter-Satz:
Schlitten glitten glitzernd durch Glitter.

2. unaussprechlicher Winter-Satz:
Ich seh im Schnee einen Schneesee.

3. unaussprechlicher Winter-Satz:
Ein Schneeball im Schneefall am Schneewall ist einfach schlecht zu sehen.

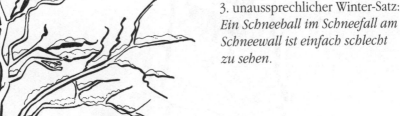

■ SCHNEEBÄLLE UND ANDERES

Zu einer Schneeballschlacht brauchen wir die Kinder nicht groß anzuleiten, wenn denn die weißen Flocken endlich gefallen sind. Aber schlagen Sie ihnen doch einmal Schneeballfangen vor. Dabei stellen sich jeweils zwei Kinder einander gegenüber. Das eine wirft dem anderen einen Schneeball zu, der gefangen werden soll, am besten mit beiden Händen, damit noch etwas übrigbleibt. Oder das eine Kind wirft den Schneeball hoch in die Luft und das andere muß ihn versuchen aufzufangen.

Spiel und Spaß in weißer Pracht

Anstelle des ewigen Schneemannes können wir auch eine Schneeballpyramide bauen. Die Kinder formen eifrig Schneebälle. Die unterste Schicht Schneebälle soll ein Dreieck bilden. Die weiteren Bälle werden so aufgeschichtet, bis die Spitze der Pyramide von einem einzigen Schneeball gebildet wird.

Ist der Schneeadler bekannt? Die Kinder legen sich mit dem Rücken in den Schnee. Dann breiten sie ihre Arme aus und drücken sie in den Schnee, immer wieder, die Arme unterschiedlich angewinkelt. Wenn sie sich jetzt vorsichtig erheben, sind die Schneeadler zu sehen. Ob sie allerdings fliegen können…?

Übrigens: Wenn der Schnee auch in diesem Winter wieder einmal ausbleibt, brauchen wir auf unsere Schneeballschlacht nicht unbedingt zu verzichten. Jetzt werden aus Zeitungspapier Bälle geformt und mit ihnen geworfen.

Außerdem kann es durchaus in unserem Gruppenraum schneien! Die Kinder zupfen aus Watte kleine Schneeflocken, legen sie auf ihre Handflächen und pusten. Schon hat ein richtiges Zimmerschneetreiben eingesetzt.

Malen Sie auf ein großes Stück Papier die Umrisse eines Schneemannes. Dann werden aus Watte kleine

Bällchen gezupft und auf den Körper unseres „Trocken-
schneemannes" geklebt. Schließlich wird das Papier an
die Wand gehängt. Und schon haben wir einen Schneemann, der Sonne und Wärme trotzt.

■ GOTTES WELT IM WINTER

Die Bäume haben längst ihre Blätter verloren und
ihr Winterkleid angelegt. Doch sie brauchen unsere
Hilfe nicht; sie sind mit einer schützenden Hülle versehen. In ihrem Inneren geht das Leben weiter, sie bereiten sich auf den Frühling vor. Dann werden sie alle
Kraft brauchen, die Knospen und die neuen Blätter her-
vorzutreiben. Lassen wir sie in Ruhe ihren Winterschlaf
halten.

Winterschlaf bei Tier und Pflanze

Auch manche Tiere machen Winterschlaf. Andere
jedoch sind auf unsere Hilfe angewiesen, brauchen Futter und Wasser. Welche sind das, und wie hilft man ihnen am besten?

Sprechen Sie doch einmal mit den Kindern darüber
und fordern Sie die Kleinen auf zu erzählen, was sie
über Tiere im Winter wissen. Dann könnten Sie Fut-
terringe in einen Baum hängen, der vom Gruppenraum
aus zu sehen ist. Ganz gespannt warten dann alle darauf, daß sich ein Vogel einen kleinen Leckerbissen holt.

Ein Fachmann zu Besuch

Sie könnten auch einen Förster als Gast einladen.
Der erzählt dann von den Tieren im Wald und wie die
Menschen ihnen dabei helfen, über den Winter zu kommen. Vielleicht hat der Förster auch Bilder mitgebracht,
auf denen man zum Beispiel Rehe an einer winterli-
chen Futterkrippe sehen kann.

Schließlich könnten die Kinder Papier und Farb-
stifte nehmen und aufmalen, wie sie sich das Über-
wintern eines Bären, eines Fuchses, eines Hasen und
einer Ente vorstellen.

Teil 3

Alles wächst und blüht

Vom Frühling

Der reiche Frühling

Sie beginnt im März, die Jahreszeit, in der alles wächst. Dazu brauchen Pflanzen und Tiere zwei Dinge, ohne die alles Wachstum nur schwer von statten gehen kann. Es sind dies die Wärme und das Wasser. Also muß die Sonne helfen. Aber auch der Regen, der uns selbst gar nicht so gut gefällt, wird unbedingt gebraucht. Deshalb freuen sich die Tiere, die Pflanzen und natürlich auch die Bauern über den Regen.

Natürlich gibt es auch noch andere Wetterarten, den wolkigen Himmel, den Nebel, manchmal auch den Schnee. Mit einem Wetterkalender können wir feststellen, wie sich – gerade im ersten vollen Frühlingsmonat April – das Wetter ständig ändert. Auf einen großen Karton malen wir Kästchen. Links von oben nach unten schreiben wir in die Kästchen die Wochentage untereinander, also in der ersten Reihe den Montag, dann den Dienstag und so fort bis zum Samstag im untersten Kästchen. Über all diese Kästchen malen wir in einer Reihe die Sonne, den Regen, die Wolken, den Nebel und den Schnee. Nun können wir jeden Tag das Wetter in unseren Kalender malen – und werden feststellen, wie oft es sich gerade im April ändert.

Im Frühling ändert sich die Natur buchstäblich jeden Tag. Suchen wir uns „unseren" Baum oder „unseren" Strauch aus. Jeden Tag gehen wir hin und schauen uns die Veränderungen an, teilen uns unsere Beobachtungen mit. Da beginnen sich irgendwann ganz kleine Knospen zu zeigen; an den Zweigen erscheinen grüne Buckel. Von Tag zu Tag werden die Knospen größer. Die Buckel wachsen und beginnen sich langsam zu entrollen, bis wir winzige Blätter sprießen sehen. Von der Sonne beschienen, leuchten sie in einem ganz hellen, fast gelben Grün. Regentropfen bleiben auf ihnen liegen, bis sie vom Blättchen aufgesogen sind. Ende April besitzen die meisten Bäume dann schon wieder ihr volles Blätterkleid. Manche blühen bereits in weißen oder rosa Farben.

Um diese Zeit kümmern sich auch die Tiere verstärkt um ihren Nachwuchs. Das wird für uns nur selten zu sehen sein, da die Tiereltern ihre Kinder schützen wollen und unsere neugierigen Blicke gar nicht mögen. Bei manchen Tieren aber können wir es sehen. Die Enten zum Beispiel, die eher graue Mutter und der farbenfrohe

Vater, schwimmen jetzt immer ganz eng nebeneinander über den See. Eines Tages sehen wir sie dann mit einer kleinen Schar winziger Entchen, die durch das Wasser tollen und ihre Kräfte ausprobieren. Oft schwimmen sie wie an einer Schnur gezogen hinter der Mutter her. Später, wenn sie ausgewachsen sind, trennen sie sich dann von den Eltern und gehen ihre eigenen Wege.

Jetzt lohnt es sich auch besonders, einen Spaziergang durch einen Zoo und durch einen Botanischen Garten zu machen. Überall sehen wir die Veränderungen, die der Frühling hervorbringt. Überall wächst es, raschelt und zwitschert es, überall können wir bei Tieren wie Pflanzen den Nachwuchs bewundern. Und wenn ihr all euren Mut zusammennehmt und die Menschen, die dort arbeiten, fragt, werden sie euch bestimmt Dinge zeigen, die eure Augen sonst nicht erblickt hätten.

Gibt es bei euch in der Nähe Brennesseln? Dann schaut doch einmal vorsichtig unter die Blätter. Wahrscheinlich seht ihr viele kleine grüne Kügelchen. Das sind die Eier der Schmetterlinge. Schaut jeden Tag nach. Irgendwann werden aus den Eiern Raupen. Vielleicht bekommt ihr sogar mit, wie sie Stückchen aus dem Blättern herausbeißen und sie fressen. Später hängen sich diese Raupen an den Zweigen auf und hängen unbeweglich fast zwei Wochen dort. Aus den Raupen werden Puppen, längliche weiße Formen. Und wieder zwei Wochen später schlüpfen aus diesen unansehnlichen Puppen wunderschöne Schmetterlinge.

Der Frühling hat uns viel zu bieten; wir müssen nur genau hinschauen.

■ DIE FAULE FRAU KUCKUCK

Erst eine
Einführung...

Wenn der Frühling erwacht und das Schneeglöckchen lacht, können wir beobachten, wie alles ganz frisch aus der Erde sprießt. Die Bäume werden wieder grün, Blumen blühen auf, die Felder erhalten ein neues Kleid. Der Winter liegt hinter uns; die vielen dunklen und grauen Farbtöne dieser Jahreszeit sind verschwunden.

Das Frühjahr können wir nicht nur sehen und riechen, wir nehmen es mit unserem ganzen Körper wahr. Wir werden unternehmungslustiger, freuen uns auf die längeren Tage, spüren Kraft in uns. Und so geht es nicht nur uns. Auch die Tierwelt ist vom Schlaf erwacht.

Schon am frühen Morgen können wir das Gezwitscher der Singvögel hören, können sie dabei beobachten, wie sie ihre Nester bauen. Da werden Federn, Haare, Gräser, kleine Zweige und anderes weiches Material zusammengetragen. Manche Vögel bauen ihr Nest hoch in den Baumwipfeln wie die Elstern. Andere hämmern sich wie der Specht eine Höhle in den Baumstamm, wieder andere finden eine Bleibe im niedrigen Geäst wie die Amseln, Rotkehlchen und Bachstelzen.

...dann eine
Geschichte

Es gibt nur eine einzige Ausnahme. Das ist die Frau Kuckuck. Hört, wie es ihr ergeht:

Schon längst sind alle Nester fertig geworden; in manchen von ihnen bewachen stolze Vogeleltern schon Eier. Das Bachstelzenpaar hat sich einen wunderbaren Platz zwischen dem Schilf eingerichtet. Hier ist es ruhig und geschützt, außerdem gibt es genug Nahrung in Form von kleinen Larven und Mücken. Die drei Eier der Bachstelzen sind recht unscheinbar;

blaugrün und ein wenig gesprenkelt liegen sie im Nest.
Da das Pärchen gemeinsam auf Mückenjagd ist, liegen
die Eier einen Augenblick unbeaufsichtigt da. Darauf
hat das Kuckucksweibchen nur gewartet. Schnell fliegt
es zum Nest der Bachstelzen und legt sein eigenes Ei
zu den anderen. Es fällt nicht besonders auf, sieht es
doch den anderen Eiern sehr ähnlich. Damit die Bach-
stelzenmutter aber auf gar keinen Fall Verdacht schöp-
fen kann, wirft das Kuckucksweibchen flugs eines der
etwas kleineren Bachstelzeneier aus dem Nest.

Gibt es Bilder
von Bachstelze
und Kuckuck?

Frau Kuckuck muß sich beeilen, denn bald werden die Nestbesitzer wieder da sein. Und richtig, nach
kurzer Zeit kommt eine Bachstelze zum Nest und setzt
sich auf die Eier, um sie zu wärmen. Glück gehabt,
Frau Kuckuck! Der Betrug ist nicht bemerkt worden
und das Kuckucksei wird ebenso gewärmt wie die anderen Eier.

Einige Tage vergehen und in den Eiern beginnt
sich etwas zu regen. Die Schalen platzen auf und drei
kleine nackte Vögel recken ihre Hälse. Sofort beginnen sie nach Futter zu piepsen. Besonders der eine
scheint sehr gefräßig zu sein. Er ist auch etwas größer
als die beiden anderen und schiebt schon mit Kraft alles an den Nestrand, was sich ihm in den Weg stellt.
So gelingt es, daß sein großer Schnabel zuerst Futter
erhält und die anderen etwas hungrig bleiben.

Diese Geschichte
kann auch gespielt
werden

Langsam beginnt das Gefieder zu wachsen. Die
beiden kleinen Bachstelzen schütteln ihre Flügel und
lernen mit Hilfe der Alten das Fliegen. Das geht erst
ganz kurz, von Baum zu Baum, dann werden die Flüge
immer weiter.

Nur das Kuckucksjunge hockt sich in eine Ecke
des Nestes und schreit lauthals nach Futter. Es macht
sich's bequem, hat bald das Nest für sich allein und
schafft es spielend, daß sich die Bachstelzeneltern tagaus tagein nur noch um das zurückgebliebene Kleine
kümmern. Unmengen von Mücken und Käfern ver-

schwinden im gefräßigen Schnabel. So vergehen zwei
volle Wochen. Dann ist der wohlgenährte Nachzügler
plötzlich verschwunden.

■ DIE KUCKUCKSUHR

Wo wir gerade beim Thema sind, könnten wir uns
auch gleich wunderschöne kleine Kuckucksuhren basteln. Dazu brauchen wir die Hülle einer kleinen
Streichholzschachtel, buntes Papier zum Bekleben,
Leim, Stift und Schere, weißes Papier, Pappe, ein dün-
neres Stückchen Schnur, eine kleine Holzperle und ein
abgebrochenes Streichholz.

*Eine nicht ganz
so leichte Bastelei*

Zuerst beklebt ihr die Hülle der Streichholzschachtel mit dem bunten Papier. Dann legt ihr sie
längs vor euch auf den Tisch. Auf weißes Papier zeichnet ihr ein kleines Zifferblatt und schneidet es aus. Dieses Zifferblatt – auch die Zeiger aufmalen! – wird auf
die Oberseite der Schachtel geklebt.

Als nächstes zeichnet ihr euch auf die Pappe einen kleinen bunten Vogel, den Kuckuck. Er sollte halb
so groß sein wie die Schachtel. Ausschneiden und in
der Mitte durchbohren, das Streichholz hineinschieben.
Setzt den Vogel auf die Längsseite der Schachtelhülle
und bohrt etwas tiefer dort zwei Löcher hinein, eins in
die Vorder-, das andere in die Rückwand. Schiebt die
Streichholzenden durch die Löcher. Drehen wir leicht
mit Daumen und Zeigefinger an den Enden, bewegt
sich der Vogel schon ein wenig hin und her.

Nun nehmt ihr das Stückchen Schnur, knüpft an
dem einen Ende die Perle fest und zieht das andere
durch die Schachtel, um es an dem Streichholz zu befestigen. Tippt man jetzt an das Schnurpendel, bewegt
sich der Kuckuck langsam hin und her.

■ DER FRÜHLING IST DA

Der Frühling hat sich ein-ge-stellt! Wohl-

Haben wir Lust,
ein neues Lied
zu lernen?

an, wer will ihn sehn? Der muß mit mir ins

freie Feld, ins grüne Feld nun gehn!

2. Er hielt im Walde sich versteckt,
   daß niemand ihn mehr sah;
   ein Vöglein hat ihn aufgeweckt,
   jetzt ist er wieder da.

3. Jetzt ist der Frühling wieder da:
   ihm folgt, wohin er zieht,
   nur lauter Freude fern und nah
   und lauter Spiel und Lied.

4. Und allen hat er, groß und klein,
   was Schönes mitgebracht,
   und sollt's auch nur ein Sträußchen sein,
   er hat an uns gedacht.

5. Drum frisch hinaus ins freie Feld,
   ins grüne Feld hinaus!
   Der Frühling hat sich eingestellt,

Weise:
Johann Friedrich Reichardt
(1752–1814)
Worte:
Heinrich Hoffmann von
Fallersleben, 1836
(1798–1874)

■ KRESSEDUFT

Dieses Wort hat es in sich. Wer nämlich einmal Kresse ausgesät hat, der weiß, daß Kresse nicht gerade besonders duftet, sondern – mit Verlaub gesagt – eher stinkt. Und das derart, daß wir uns schon einmal die Nase zuhalten müssen. Es ist nicht zu ändern: Wenn wir säen, müssen wir dieses kleine Übel inkaufnehmen.

Oder wir schließen uns einem Spaziergang mit Tom, Robert und Olli an. Sie haben andere Entdekkungen gemacht; ihr werdet erstaunt sein. Zunächst gelangen wir in Opa Jansens Garten und steuern auf ein Beet in der äußersten Ecke zu. Hier ist es sonnig und warm. Opa Jansen steht vor einem grünen Blättermeer. Ähnlich weit aufgeklappter Fallschirme räkeln sich die Pflanzen in die Luft. Wir haben es hier mit der Kapuzinerkresse zu tun.

Riechen macht Spaß! Fordern Sie die Kinder ruhig auf, an allem zu schnüffeln…

Opa Jansen pflückt einige der Blätter für uns ab. Sie duften herb. Für die orangen, gelben und roten Blüten ist es noch zu zeitig. Erst im Sommer, wenn die Bienen sich auf Honigsuche begeben, werden sie aufgehen. Aber die Blätter können schon jetzt für einen Kressesalat gepflückt werden.

Weiter geht der Spaziergang durch den Wald. An einem klaren Bach machen wir halt und steigen zum Ufer hinab. Hier hat Tom bereits im vergangenen Jahr Kresse gefunden. Da ist sie ja. Die Pflänzchen sind etwas größer als die zuhause ausgesäte Kresse. Außerdem hat sie den Vorteil, daß sie nicht so aufdringlich riecht.

Leider gibt es nur noch wenige Stellen, denn diese wilde Brunnenkresse wächst, wie schon der Name sagt, nur an Brunnen und an ganz sauberen Gewässern. Wir probieren den Geschmack und stellen fest, daß er würzig und scharf ist. Also die Tüten füllen und nach Hau-

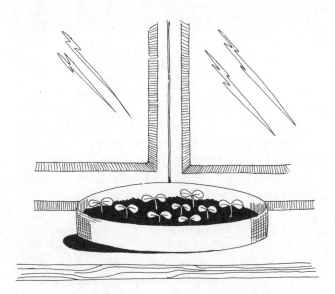

se! Dort wird unsere Kresse gewaschen. Dann fügen wir ein wenig Öl, Zucker und Zitrone sowie eine Prise Salz hinzu und haben einen schmackhaften Brotbelag gewonnen.

Wir können die Kresse natürlich auch im Gruppenraum wachsen lassen. Dafür brauchen wir ein kleines Gefäß wie auf der Zeichnung. In das Gefäß kommt ein wenig Erde; dann säen wir den Kressesamen hinein und stellen das Ganze ans Fenster. Bald werden wir die ersten kleinen Pflänzchen begrüßen können.

Für die im Haus wachsende Kresse haben wir noch einen kleinen Tip. Man schält Kartoffeln und schneidet sie ganz klein, stampft sie dann in einem Schüsselchen zu Brei. Dann malen wir uns auf Karton Formen, etwa ein Herz oder einen Baum. Nun bestreichen wir die Form mit der Kartoffelstärke, die wie Klebstoff wirkt und Nährkräfte besitzt. Auf die Stärke säen wir Kressesamen aus. Ist sie gewachsen, sehen wir ein grünes Herz oder einen kleinen grünen Baum.

Ein Herz
aus Kresse

■ BLÜTENZAUBER

Blüten leuchten jetzt überall. Wir wollen es in unserem Raum auch ein wenig farbig haben. Aber dazu darf man die Blüten nicht abpflücken. Zusammen mit Butzi und Jule könnt ihr aus einer Papierserviette oder einem quadratischen Stück Seidenpapier eine Blüte herstellen. Dazu klappt ihr die Serviette auf und sucht euch als erstes den Mittelpunkt. Bei der Serviette ist das nicht schwierig. Das Seidenpapier faltet ihr, indem ihr zweimal Kante auf Kante legt und knickt.

Wir basteln einen bunten Blumenstrauß

Haben wir den Mittelpunkt, nehmen wir nacheinander alle vier Ecken und falten sie zu diesem Mittelpunkt. Jule ist schon fertig. Bei ihr stoßen alle vier Ecken genau zusammen. Nun macht sie das Gleiche noch einmal, das Viereck wird wieder kleiner. Von der Rückseite klappen wir jetzt die am Mittelpunkt liegenden vier Ecken vorsichtig nach vorne, drücken sie über die Außenecken und ziehen sie leicht auseinander. Zum Schluß werden auch noch die letzten vier Ecken nach vorne geholt.

Sind viele Blüten in den unterschiedlichsten Farben entstanden, stellen wir einen Blütenstrauß in eine Vase, einen anderen hängen wir mit Schnur an die Decke. So wird unser Raum langsam immer bunter und wir haben ein wenig Frühling ins Haus gebracht.

■ BLUMENFANGO

Ein kleines Spielchen gefällig? Wir können es draußen, aber auch im Raum spielen. Einer von uns wird als Fänger ausgelost. Die anderen laufen umher und versuchen, dem Fänger auszuweichen. Wird doch einer erwischt, muß er sofort eine Blume nennen und kann dann weiterlaufen. Weiß er jedoch keine Blume, bleibt er stehen und wartet auf das Erlösen durch ein anderes Kind. Der Fänger möchte das natürlich verhindern. Es dürfen keine Blumen wiederholt werden. Sind alle Kinder gefangen, ist das Spiel beendet. Man kann übrigens auch so spielen, daß ein Kind, welches keine Blume mehr nennen kann, zum neuen Fänger wird.

Ein paar Spiele zum Thema Natur

■ SCHMETTERLINGE

Eine von uns ist die Mutter Natur. Die anderen bewegen sich, wie sie wollen. Wenn Mutter Natur „Ei!" ruft, legen sich alle auf den Boden und kuscheln sich wie ein Ei zusammen. Ruft sie „Raupe!", dann kriechen wir langsam und schlängelnd auf dem Boden herum. Ruft die Mutter Natur „Puppe", liegen wir ganz ausgestreckt auf dem Rücken und rühren uns nicht. Ruft sie dann aber „Schmetterling!", dann springen wir auf, breiten die Arme aus und fliegen durch den Raum.

■ SCHNECKENTEMPO

Vier von uns sind die Schnecken. Sie haben farbige Tücher oder Zettel auf dem Rücken, so daß wir wissen, welches die rote, die grüne, die blaue und die gelbe Schnecke ist. Wir anderen bekommen reihum den Würfel. Jule ruft „grün" und würfelt eine 3. Also darf die grüne Schnecke drei Hände nach vorne kriechen. Dazu stellt sie dreimal eine Hand vor die Andere. Dann ist Olli an der Reihe. Er möchte, daß die rote Schnecke nach vorne kriecht und schafft sogar eine 5. Also rote Schnecke: Fünfmal eine Handlang nach vorne kriechen. So geht das Spiel im Schneckentempo weiter, bis die erste Schnecke die gegenüberliegende Wand erreicht hat.

■ SPIELT DAS WETTER

Wenn es mal kräftig regnet... ,

Im Frühling ist das Wetter manchmal wirklich nicht so schön, daß wir gerne hinausgehen und rumtollen. Aber das macht uns nichts aus, wir wissen ja, daß die Natur diese unterschiedlichen Wetterarten braucht. Also spielen wir sie im warmen, trockenen Raum nach.

Zuerst scheint die Sonne.

Alle Kinder strecken die Arme in die Höhe und führen sie in weiten Kreisen nach unten

Dann beginnt es langsam zu regnen.

Die Finger trommeln vorsichtig und langsam auf der Tischplatte

Es regnet stärker.

Die Finger trommeln ganz kräftig

Da, ein Donner.

Eine Faust schlägt auf den Tisch

Der Regen rauscht herab.

Trommeln, was das Zeug hält

Langsam hört es auf zu regnen.

Nur noch leicht trommeln

■ FRÜHBLÜHER, GIFTIG?

Ein Krokus nach dem anderen reckt sich ans Licht. Neben den Schneeglöckchen, Blausternen und Osterglocken sind sie die Boten des Frühlings. Im zeitigen Frühjahr können wir ihre ersten Blüten entdecken. Mit viel Kraft bohren sich die Blattspitzen durch die noch harte Erde. Ihr Nahrung haben diese Frühblüher in Zwiebeln aufgehoben. So ist jederzeit genügend zum Wachsen da.

Meggi und Olli wollen es genau wissen:

Sie stecken so eine Zwiebel in eine Schale mit feuchter Watte und geben nur Wasser dazu. Die Schale bekommt einen Platz am Fenster. Wirklich, nach einiger Zeit und regelmäßigem Gießen zeigen sich die ersten grünen Spitzen. In so einer Zwiebel steckt aber nicht nur Kraft, es sind auch winzige Giftteilchen dabei. Deshalb sind diese Zwiebeln nicht die gleichen, wie ihr sie vom Kochen und Braten her kennt und dürfen überhaupt nicht gegessen werden.

■ GOTTES SCHÖPFUNG V

Danken für
Blumen und
Pflanzen

Die vielen Pflanzen auf der Erde können die Menschen benennen. Sie haben gelernt, sie in ein System einzuordnen, giftige von ungiftigen zu unterscheiden und sie zu nutzen. Neben eßbaren Beeren, Pilzen und Kräutern gibt es viele, die nicht zur Nahrung bestimmt sind. Als Heilmittel in der Medizin können sie jedoch oft den Menschen helfen.

Großer Gott, wir loben dich.
Du gabst uns die vier Jahreszeiten.
Mit dem Frühling erwacht alles
zu neuem Leben.
Die Bäume, Wiesen und Felder
werden grün.
Allen Blumen und Bäumen gabst du
einen Namen.
Für uns Menschen sind viele Pflanzen
lebenswichtig.
Dafür danken wir dir.
Manche Pflanzen sind für uns giftig.
Trotzdem erfreuen sie uns
mit ihrer Schönheit.
Auch dafür danken wir dir.

■ OSTERBRÄUCHE

Denken wir an Ostern, fallen uns sofort die vielen bunten Eier ein, der Osterhase, das Osterlamm. Auch das Osterfeuer ist bekannt, und mancherorts wird der Brauch des Babbelwassers, von dem weiter unten erzählt wird, weitergegeben.

Vielseitig feiern wir Ostern. Für die Christen ist es das größte Fest. Jesus ist nicht mehr tot, er ist auferstanden; so steht es in der Bibel geschrieben. Für uns bedeutet das immer wieder: Aus Traurigkeit wird Freude, unser Kummer und unsere Sorgen bleiben nicht bestehen; sie gehen vorüber. Wir dürfen darauf hoffen, daß ein Streit mit unserem Freund beendet wird, und erleben, daß alle Dinge, die wir für andere tun, wichtig sind und einen Sinn haben. Ostern bedeutet Hoffnung, Ostern ist Leben, Ostern ist Freude.

Ein Brauch aus alter Zeit sind die Osterbrote. Sie werden selbst gebacken und bestehen aus Hefeteig. Falls ihr das auch einmal versuchen wollt, ist hier ein Rezept für ein helles Osterbrot.

Wir brauchen dazu:

1 kg Mehl	100 g zerlassene
2 Würfel Hefe	Margarine
1/2 Liter Milch	2 Eier
100 g Zucker	1 Messerspitze Salz

Das Mehl wird in eine Schüssel gegeben und eine Mulde hineingedrückt. Die Hefe mit der Hälfte der Milch und dem Zucker verrühren, in die Mulde gießen und an einem warmen Ort 15 Minuten zugedeckt „gehen" lassen. Die restliche Milch mit der Margarine verquirlen, zu dem Teig geben und kräftig durchkneten. Nun den Teig wieder warmstellen, bis er gewachsen ist. Dann wird der Teig zu einem Brot geformt und mit Eigelb bepinselt. Schließlich wird das Brot im vorgeheizten Backofen bei 200 Grad etwa 15 Minuten goldbraun gebacken.

Ein weiterer Brauch ist das Babbelwasser. Babbeln ist sächsisch und bedeutet soviel wie schwatzen, reden. Der Brauch besagt, daß am frühen Ostermorgen in einem Gefäß frisches Quellwasser geholt wird. Auf dem ganzen Weg darf nicht gebabbelt werden. Wer das durchhält, so sagt man, der wird schön.

Schablone für das Ei im Huhn

■ EI IM HUHN

Zu dieser Bastelei legen wir uns starkes Tonpapier, Pergamentpapier, Wasserfarben, Bleistift, Pinsel, Läppchen, ausgeblasene Eier und Bindfaden zurecht.

Das Huhn wird von der Abbildung abgepaust und auf das Tonpapier übertragen und ausgeschnitten, denkt dabei auch an das Loch im Bauch. Ebenso schneidet ihr Kamm und Lappen aus, klebt diese beidseitig auf, und beginnt nun, die ausgeblasenen Eier zu verzieren.

Je ein Ei wird mittels einer Schnur in dem Bauch der Henne befestigt.

■ EIERBATIK

Mit Farben wie die der Brennessel, des Efeus oder der Roten Beete könnt ihr eure Eier in Naturtönen färben. Die Blätter von Brennessel oder Efeu werden mit Wasser in einen Topf getan. Das Ganze läßt man kochen, bis ein Sud entstanden ist, unser Farbbad. Bei der Roten Beete reicht deren Saft aus.

Gepreßte Pflanzenteile und Gräser bindet ihr auf die gesäuberten und getrockneten Eier und steckt sie in einen Perlonstrumpf, damit sich nichts lösen kann (am besten zubinden). Legt die Strümpfe mit den Eiern in ein Farbbad und laßt sie dort liegen. Wollt ihr hellere Eier haben, müßt ihr sie eher herausholen. Je länger die Eier im Farbbad bleiben, desto dunkler wird ihre Farbe.

Sind die Eier herausgenommen, werden Strumpf und Blätter entfernt. Reibt danach die Eier mit etwas Fett ein, dann glänzen sie prächtig.

■ FEDER-WETTLAUF

Nicht nur die Singvögel bauen sich ihre Nester aus kleinen Ästen und Zweigen und polstern diese aus. Schauen wir in den Hühnerstall, werden wir auch dort erleben, wie die Hennen sich eine warme Kuhle bauen und sie weich mit Federn auslegen.

Zwei solcher Hühnerfedern stibitzen wir und nehmen sie für unser Spiel. Die Kinder bilden zwei gleichgroße Mannschaften. Jede erhält eine Feder. Auf ein Startzeichen hin kann der Wettstreit beginnen.

Der erste Spieler der Riege bläst die Feder steil in die Luft, so daß sie genau auf seinen Partner, der hinter ihm steht, zufliegt.

Dieser läßt sie nicht landen, sondern bläst sie wieder in die Luft. Die Feder fliegt auf den Nachstehenden zu.

Immer so fort wird gepustet, bis alle Kinder an der Reihe waren. Welche Riege schafft es am schnellsten?

Habt ihr euer Wettpusten beendet, so schaut euch die Federn ruhig einmal genauer an. Geht zurück in den Stall und seht nach, ob es auch andere Formen gibt. In Parks und an Seen lassen sich Entenfedern finden und wenn ihr Glück habt, entdeckt ihr im Wald eine leuchtend blaue Feder des Eichelhähers. Die Federn der Vögel sind unterschiedlich groß, und haben ganz verschiedene Aufgaben zu erfüllen: Es gibt die großen Federn als Flügel. Weil die Vögel sich damit in die Luft schwingen, nennt man sie auch Schwungfedern. Die Schwanzfedern dienen zu Steuerung und werden auch Steuerfedern genannt. Alle anderen Federn sind Deck- und Daunenfedern. Sie befinden sich an Körper und Kopf und sind am kleinsten. Sie fühlen sich ganz weich an.

Alle Federn sind in einzelne Bahnen, den Ästen, unterteilt. Mit kleinen Haken fügen sie sich wie bei einem Reißverschluß ineinander und ergeben so eine geschlossene Fläche, die weder Wind noch Wasser hindurchläßt.

Die Vögel sind dadurch vor Wind und Wasser geschützt.

■ FEDERSCHACHTELN

Habt ihr einige besonders schöne Federn gefunden, brauchen sie einen Platz. Sind es kleinere, eignet sich dazu eine Schachtel, die ihr bunt beklebt. Wenn ihr einmal beim Verzieren seid, legt euch gleich zwei, drei Schachteln mehr zu, da sie immer ein guter Aufbewahrungsort sind.

Wir benötigen verschiedene Schachtelformen und -größen. Weiterhin legen wir uns Lineal, Klebstift, Maßband und Schere, sowie verschiedene Baumwollstoffreste bereit.

Nun werden Seiten und Boden der zu beklebenden Schachtel ausgemessen. Der Schnitt wird mit 2 cm Falzzugabe genau auf die Rückseite des Stoffes übertragen und mit der Schere ausgeschnitten. Beim Kleben achten wir darauf, daß keine Luftblasen unter dem Stoff entstehen.

Um die Motivation der Kinder zu verstärken, können Sie eine kleine Ausstellung ankündigen. Zu jeder Schachtel wird ein Kärtchen gestellt, auf dem der Name des kleinen Künstlers und der Zweck der Schachtel vermerkt wird. Dann gehen alle von Schachtel zu Schachtel, und die Kinder erzählen, was sie sich gedacht haben.

■ KLEINE TIERE GANZ GROSS

Heute begeben wir uns auf Entdeckungsreise in den Wald. Da gibt es viele Pflanzen zu sehen, die wir uns erklären lassen. Wenn wir ganz still sind, sehen wir vielleicht auch Tiere. Doch Meggi, Jule, Olli, Robert und die anderen Kinder haben ein bestimmtes Ziel: Sie wollen den Bau der Roten Waldameise besuchen.

Wir entdecken eine neue Welt

Gleich am Waldrand finden wir den hohen Hügel. Baumnadeln, kleine Äste und Zweige sowie Rindenstückchen sind aufgetürmt. Hier wohnen Tausende von Ameisen; ist das ein Gewiebel und Gewabbel! Geschäftig laufen sie hin und her. Wenn wir genau hinschauen, sehen wir, daß etliche Ameisen ihre Last von außerhalb heranschleppen, vor dem Bau abladen und erneut losziehen. Andere nehmen das angelieferte Gut auf und schleppen es in den Bau.

Eine Ameise kann Lasten transportieren, die um ein Vielfaches schwerer sind als sie selbst. Das ist enorm! So schleifen sie tote Insekten wie Raupen und Schmetterlinge bis zu ihrer Burg, um sie dort abzuladen. Schnell und geschickt werden große tote Waldtiere zerlegt und weggeschafft. Wie eine Polizei des Waldes suchen und finden die Ameisen entsprechende

Stellen, geben die Information durch Tasten mit ihren Fühlern weiter und beginnen mit der Arbeit. Viele Ameisen kommen hinzu und tragen Stück für Stück zum Ameisenhügel. Mit ihren großen Kneifzangen können sie Teile regelrecht abschneiden und auch tragen. Schon bald danach ist am Platz des Geschehens nichts mehr zu sehen.

Jedes Tier hat seine Aufgabe

Nicht alle Tiere verlassen ihren Bau. Ein Ameisentrupp hat zum Beispiel die Aufgabe, die kleinen Ameiseneier zu schützen und zu pflegen. Ständig werden sie umhergeschleppt und an die wärmsten Orte gebracht. So können wir an warmen Tagen entdecken, daß die Eier fast an die Spitze des Berges gebracht werden. Andere Ameisen wiederum sind zur Verteidigung abgestellt. Sie sollen die Burg vor eindringenden Feinden schützen. Wir brauchen nur einen kleinen Stock ganz vorsichtig auf den Hügel zu legen, und schon wird eine ganze Armee von Ameisen da sein, um ihn zu bearbeiten.

20

◼ SO EINE FETTE LAUS

Schauen wir den Ameisen weiter zu, finden wir heraus, daß es richtige Ameisenstraßen gibt, die an Baumstämmen entlang bis zu einem bestimmten Punkt führen und dann abrupt enden.

Hier sind wir einer Ameisenmolkerei auf der Spur. Sie kann nur dort bestehen, wo es viele Blattläuse gibt. Diese Tiere werden von den Ameisen regelrecht gemolken: Sie schlagen so lange auf den Hinterleib der Blattlaus ein, bis eine süßliche Flüssigkeit austritt, die sie aufsaugen und mit in ihren Bau nehmen. Dort wird die Nahrung an die sogenannten Ameisenammen übergeben, die damit die Jungameisen füttern.

Die Molkerei der Ameisen

◼ DIE HOCHBURG

Ameisen haben eine Königin. Sie ist die Mutter des gesamten Familienstaates und kann bis zu 20 Jahre alt werden. In dieser Zeit sorgt sie für die Nachkommen der großen Familie und legt ständig Eier.

Die Königin kommt nach dem Hochzeitsflug nie aus dem Bau heraus und lebt in einer der vielen Kammern der Burg. Sie wird von den Arbeitsameisen mit dem süßen Saft der Blattläuse versorgt. Die anderen Gänge und Kammern im Bau dienen zur Pflege der Brut und zur Vorratswirtschaft.

Die Königin der Ameisen

Männliche Ameisen gibt es nur für eine kurze Zeit. Dies sind die beflügelten Tiere, die gerade im Frühjahr vermehrt anzutreffen sind. Nach dem Hochzeitsflug mit der Königin sterben sie ab, da sie danach nicht mehr gebraucht werden.

Ameisentag

Nach soviel Geschichten über die Ameisen müssen wir uns erst einmal erholen. Das machen wir bei einer Mitmachgeschichte, die – natürlich – auch von den Ameisen handelt:

Ein Morgen erwacht. Die Ameisen krabbeln aus ihrem Bau.

Die Kinder bewegen sich auf allen Vieren. Langsame Begleitung auf dem Tambourin.

Die Ameisen gehen auf Nahrungssuche.

Alle laufen aufrecht durch den Raum, recken und strecken sich, laufen durcheinander. Die musikalische Begleitung wird schneller.

Im Wald entdecken die Ameisen einen toten Fuchs. Mit den Fühlern geben sie ihre aufregende Nachricht weiter.

Die Kinder bewegen sich und tasten untereinander mit ihren Händen. Leise Tambourintöne.

Neue Ameisen kommen in das Waldstück.

Alle laufen aufgeregt durcheinander. Das Tambourin wird wieder schneller.

Eine Wespe will in den Ameisenhaufen eindringen.

Die Kinder bleiben stehen, nur eines bewegt sich wild hin und her. Einzelne Tambourinschläge.

Die Wespe wird von den Ameisen gefangen und abgeschleppt.

Kurzes Umherschwirren der Kinder; dann umringen alle die „Wespe" und engen den Kreis immer mehr ein. Nach leisen schnellen Tönen ein lauter Schlag auf dem Tambourin, kurze Stille, anschließend leise Töne.

Blattläuse werden von den Ameisen gemolken.

Alle stellen sich zu Paaren auf. Ein Kind trommelt mit den Fingern auf den Rücken des anderen, danach wird gewechselt. Tambourin von leise zu laut.

Die Ameisenkönigin geht auf Hochzeitsflug.

Leise und leicht laufen die Kinder durch den Raum. Zu Paaren gefaßt, breiten sie ihre Arme aus und fliegen. Leichtes Tambourinstreichen.

Es wird Abend, die Ameisen krabbeln zu ihrem Bau zurück.

Die Kinder kriechen auf allen Vieren und legen sich der Länge nach hin. Das Tambourin wird leiser und schweigt dann.

■ EIN NEUER BAUM

Immer noch prachtvoll steht der Eichenbaum am Straßenrand. Er ist schon alt, sein Blätterdach lädt weit aus, bietet Schutz und spendet Schatten. Gerne bleibe ich stehen, um mich an den kühlen Stamm zu lehnen, ihn zu befühlen. Meine Finger streichen über die rauhe Rinde, ertasten die einzelnen Risse.

Tagaus, tagein kann ich meinen Baum begrüßen. Es kommt mir gar nicht in den Sinn, daß er einmal nicht mehr dasein könnte. Und doch ist es so: In der Stadtplanung wird der Damm am Fluß erweitert, das muß so sein, sagt man. Der alte Baum wird eingeengt, hat nicht mehr genügend Platz. So kann er nicht mehr wachsen, bald nicht mehr leben. Erst die Zweige, dann die Äste sterben nach und nach ab, ein langer Kampf. Verdorrte, kahle Äste reckt er verzweifelt in die Luft, verliert seine Pracht. Und doch bleibt er mein Baum.

Bis er eines Tages gefällt wird, weg, Schluß, aus und vorbei. Ein schreckliches Bild: Zweige und Äste liegen kreuz und quer verstreut, der Stamm wird in Stücke gesägt, Späne fliegen durch die Luft. Nur der Stumpf ist übriggeblieben; die dicken Wurzeln sitzen fest im Erdreich, sie können nicht ausgehoben werden.

Um die Lücke zu schließen, wird ein neues Bäumchen gesetzt. Ganz klein und zaghaft entfaltet es seine grünen Blätter, beginnt lebensmutig zu wachsen. Es weiß nicht, was passieren wird, wenn die Äste wieder einmal zu lang, die Wurzeln wieder einmal zu breit, die Straße wieder einmal zu schmal geworden ist...

Holen wir uns doch aus der Baumschule ein kleines Bäumchen. Bestimmen wir den Ort, an dem es ungestört in die Höhe und Breite wachsen kann. Wir heben mit dem Spaten die Erde aus, doppelt soviel wie der Umfang des Wurzelballens. Das Bäumchen hinein, das Loch mit der Erde zugeschaufelt und die Erde festgedrückt. Dann gießen wir unseren Baum, bis er groß und stark geworden ist, uns wieder Schutz und Schatten bietet.

■ DAS BLÄTTERHAUS

In und mit der Natur zu leben, das ist für die Stadtmenschen oftmals ein Problem. Waldstücke und Grünanlagen gibt es nicht überall. Da freut man sich schon, ist ein Garten in der Nähe.

Kinder wollen aber mit der Natur leben, sich in ihr wohlfühlen, geborgen sein. Einen Ansatz dazu bietet das Blätterhaus. Seinen Platz findet es in einer Ecke des Gartens. Für den Bau sammeln wir frische Äste und Zweige, zum Beispiel vom Baumschnitt im Frühjahr. Diese Zweige sind elastischer als alte und lassen sich also besser miteinander verflechten.

Jetzt werden wir zu kleinen Baumeistern

Aus Stangen, Ästen und Zweigen fügen wir zwei Vierecke zusammen. Sie geben die beiden Wände des Hauses ab; wir müssen also entscheiden, wie groß sie werden sollen. Sind sie fertig, stellen wir sie so gegeneinander, daß wir ihre nach oben weisenden Kanten mit Schnüren verbinden können. Die Schnur sollte vorher mit Wachs eingerieben werden, so hält sie länger. Vorder- und Rückseite unseres Hauses verkleiden wir danach mit Zweigen.

Um das Giebelhaus herum lockern wir den Boden mit einer Harke etwas auf und geben Gartenerde hinzu. Dieser Bereich sollte etwa 40 cm breit sein. Da setzen wir Kletterpflanzen wie wilden Wein, Efeu oder Klematis ein; auch Sonnenblumen können zur natürlichen Verkleidung werden. Ist das Blätterhaus zugewachsen,

Richtfest

können wir einziehen, am besten mit einem zünftigen Fest. Das ganze Jahr bis in den Winter hinein bietet uns das Blätterhaus einen Unterschlupf.

Teil 4

Heiß und hell die Erde

Vom Sommer

Im Sommerland

Herbst, Winter und Frühling können wir an der Veränderung der Natur erkennen; die Blätter fallen, es wird kalt, die neuen Triebe kommen. Der Sommer jedoch kommt auf leisen Sohlen, fast unmerklich. Er bildet die Zeit zwischen dem Wachstum und dem Absterben, bietet Sonne und Wärme, pulsierendes Leben.

Machen wir doch einmal einen kleinen, spielerischen Test mit den etwas älteren Kindern. Wir nehmen die Tafel oder ein großes Kartonblatt, malen einen großen Kreis auf und unterteilen diesen in vier gleichgroße Kreisstücke. In den Teil Frühling schreiben wir nun mit grünem Stift, in den Sommer mit gelbem, in den Herbst mit braunem und in den Winter mit blauem Stift.

Die Kinder nennen alles, was mit den vier Jahreszeiten zu tun hat. Dann reden wir kurz darüber, in welchen Abschnitt das Genannte gehört, und schreiben es hinein. Nach und nach füllt sich unser Jahresrad. Für den Sommer lassen wir noch Platz übrig. Wann immer ein Kind mit einem neuen Gedanken zur Sommerzeit kommt, tragen wir ihn nach.

Sommer, das ist Sonne und Wärme ebenso wie Sand, Strand und Wasser. Sommer, das sind Naturstimmen von frühmorgens bis spätabends. Sommer, das ist im Gras liegen, mit wenig Kleidung herumlaufen können, sich unter freiem Himmel aufhalten, die Natur spüren in all ihren Erscheinungen. Sommer, das ist der Höhepunkt des Jahres mit Hitzflimmern über dem Straßenbelag, mit wogenden Kornfeldern, mit sonnendurchfluteten Wäldern.

Das kann man den Kindern erzählen, natürlich. Aber was ist schon besser als das Erleben? Also raus aus dem Haus, hinein in die Natur. Die Regenhaut eingepackt, und schon kann uns ein warmer Sommerregen nichts anhaben. Was ist schöner als ein Picknick im Freien? Nichts. Also packen wir es an, packen wir Badesachen, Essen, Trinken und ein paar Decken ein, und los geht es. Nichts ist schöner, als einen ganzen Tag draußen zu verbringen, fern vom Straßenlärm und Autogestank, mit anderen spielen, baden, raufen, essen, trinken – und vielleicht ein wenig nachdenken über all die Geschenke, die uns die Natur bietet.

▪ SOMMERLIED

Auf dem Berge bin ich g'sessen, hab den
Vöglein zu-ge-schaut hab'n gesungen habn ge
sprungen haben Nestlein ge-baut.

2. In dem Garten bin ich g'standen,
hab den Immlein zugeschaut;
hab'n gebrummet, hab'n gesummet,
haben Zell'lein gebaut.

3. Auf der Wiese bin ich gegangen,
sah die Sommervöglein an;
hab'n gesogen, hab'n geflogen,
gar schön hab'n's getan.

Worte: Johann Wolfgang von Goethe (1749–1832)

■ SCHLEPPERLINGE UND KARLINCHEN

Ganz an den Waldrand geschmiegt, steht ein kleines Haus, umgeben von einem großen Garten, in dem alles herrlich blüht. Wir entdecken Rosen neben Gänseblümchen, Rhabarber und Tomaten, Fingerhut und Schwertlilien. Die Luft ist voll von den unterschiedlichsten Düften.

Der kleine Peter und seine größere Schwester Hanne können sich gar nicht sattsehen und entdecken immer wieder Neues. Ameisen krabbeln unter Steinen umher und schleppen die Eier weg: Regenwürmer und Schnecken kriechen über die Gartenbeete und in der Luft gaukeln die Falter. Sie suchen sich Sonnenplätze an den Blüten.

Ein Schmetterling hat seinen Landeplatz auf Hannes Hand gefunden. Sie hält ganz still und sieht, wie er atmet. Der kleine Körper bewegt sich auf und ab. Die Flügel klappen hoch und es werden ganz kleine Staubkörnchen sichtbar. Als Peter ihn anfassen will und zugreift, huscht der Falter weg.

Etwas enttäuscht läuft Peter zum Kaninchenstall. Er will sie ein wenig streicheln und öffnet die Stalltür. Doch er hat nicht damit gerechnet, daß die Kaninchen im gleichen Augenblick heraushoppeln und im Gras verschwinden. Er ruft Hanne, sie soll ihm beim Einfangen helfen.

Immer wieder schlagen die Tiere zur Seite aus und hoppeln davon. Endlich erwischt Peter das weiße Kaninchen und steckt es vorsichtig in den Stall zurück. Zu Hanne meint er: „Das eine Karlinchen haben wir, das andere fängst du und den Schlepperling kriegen wir auch noch ein." Er freut sich, lacht und ist im hohen Gras verschwunden.

Regen Sie Ihre Kinder doch auch an zu neuen Sprachschöpfungen

76

■ GOTTES SCHÖPFUNG VI

Was wären wir ohne Wasser? Ohne das köstliche Naß könnte keiner von uns auskommen. Es gäbe keinen Regen, keinen Schnee, keinen Hagel, ja, nicht einmal eine Wolke am Himmel. Tiere und Pflanzen würden verdursten, Seen und Flüsse würden austrocknen. Und schließlich brauchen wir Menschen das Wasser lebensnotwendig, zum Trinken, zum Waschen. Das Wasser ist es, mit dessen Kraft wir Strom für Licht und Wärme erzeugen, dessen Wege wir benutzen. Wie wichtig es für uns ist, erfahren wir in dieser Psalmstrophe:

Danken für das Wasser

Großer Gott, wir loben dich.
Du hast uns das Wasser
zum Leben geschenkt.
Wir können uns daran laben.
Wir können darin springen und toben.
Es ist schön, die Nässe zu spüren
und sie in uns aufzunehmen.
Das Wasser erleichtert uns mit
seiner Kraft die Arbeit.
Dafür danken wir dir.

■ VOM WASSERKREISLAUF

Pädagogischer Hinweis

Verdeutlichen Sie den Vorgang am Beispiel kochenden Wassers, der Tropfen und des Wasserdampfes

Wo kommt es her, das Wasser? Wieso regnet es? Warum sind die Flüsse und Seen nie leer? Gab es auch früher schon Wasserhähne, die man einfach nur aufdrehen brauchte, und schon kam ein Strahl kühlen Wassers heraus?

Anhand des Wasserkreislaufes läßt sich die Bewegung des Wassers verdeutlichen; nicht nur am Regen ist zu merken, daß sich Wasser ständig bewegt. So tragen Bäche und Flüsse das Wasser von der Quelle bis ins Meer. Dort steigen winzige Wassertropfen als Wasserdampf auf, man nennt das Verdunsten. Dadurch entstehen Wolken. Diese ziehen weiter und nehmen immer mehr Wassertropfen auf, bis sie ganz schwer geworden sind.

Der Wind treibt die Wolken über Meer und Land, und irgendwo schlägt sich das Wasser nieder, daher der Begriff Niederschlag. Das geschieht bei Wärme als Regen, bei Kälte als gefrorene Tropfen, also als Schnee oder Hagel. Dieses Wasser fließt in Seen oder den Boden, bildet tief unten das Grundwasser. Durch Quellen gelangt es wieder in Bäche und Flüsse, verdunstet wieder, wobei die Sonne tüchtig hilft, und steigt auf.

■ DIE WASSERPUMPE

Vor alten Bauernhöfen sehen wir sie manchmal heute noch, die Wasserpumpen. Sie stammen aus der Zeit, als es noch keine Wasserleitungen, keine Wasserhähne gab und waren ein unentbehrlicher Helfer, das Wasser aus dem Boden zu holen.

Und wie funktionierte das Ganze?

Ein langer Griff, der Schwengel, ist über ein Rohr mit dem Wasser verbunden. Durch das Anheben des Schwengels geht im Innern der Pumpe eine Saugglocke in das Wasser hinab und drückt es zusammen. Durch Herunterdrücken des Schwengels wird das Wasser nun nach oben gezogen, aus der Saugglocke gestoßen und gelangt in den Abflußhahn. Es fließt in den bereitstehenden Eimer.

■ WASSERSPIELE

1. Wasserland – Es gibt zwei Möglichkeiten, ein Wasserland zu bauen. Draußen legen wir Folie (zerschnittene große Abfallbeutel) in eine Erdkuhle, gießen Wasser hinein und können all unsere Schiffchen (siehe hinten „Sommersegelschiff") gefahrlos darin schwimmen lassen. Auch Steine als Inseln, Zweige und Pflanzen können mit ins Wasser.

Können wir nicht raus, dann bauen wir einfach unser Wasserland im Raum. Jetzt dient ein blaues Tuch oder ein Stoff als Wasser. Darauf bauen wir eine richtige kleine Landschaft als Naturmaterial, Bäume, Schiffe, Sand, einen Hafen.

2. Zitschern – Als „Zitschern" ist bei uns das Werfen von flachen Steinen über die Wasseroberfläche bekannt. Dazu braucht es einiges an Erfahrung und Übung. Erfahrung ist nötig bei der Auswahl des Steines, der flach und glatt sein muß. Übung macht den Meister; also kräftig Steine sammeln und so flach über das Wasser zu werfen versuchen, daß die Steine immer wieder auf die Oberfläche springen und weiterhüpfen. Nach einer gewissen Übungszeit beginnt dann der große Wettbewerb: Wer die meisten Hüpfer schafft, ist der „Zitscherer des Tages".

3. Wasserschatz – Schauen wir einmal, wer gutes Gefühl in seinen Fingern hat. Freiwillige vor! Sie bekommen die Augen verbunden und werden vor eine große Schüssel mit Wasser gesetzt, drinnen oder draußen, das ist egal. Im Wasser befinden sich einige „Schätze", ein Knopf, ein runder Stein, ein großer und ein kleiner Schlüssel, ein Schraubenzieher, eine Pinzette und vieles mehr. Unser Freiwilliger bekommt nun gesagt, welchen Schatz er aus dem Wasser heben soll. Wird er es schaffen? Dann darf die nächste Schatzsucherin ran.

■ MUSCHELFRÖSCHE

Die bunt beklebten Schachteln sind sicher schon mit vielen kleinen Erinnerungen von Frühling und Sommer gefüllt. Hier kommt noch eine hinzu: die Muschelfrösche, die kleine, schnelle Bastelarbeit.

Aus kleinen Muscheln und ein wenig Farbe werden wir Frösche zaubern! Wir suchen uns am Strand zwei Muschelhälften, die gut aufeinanderpassen, und kleben sie mit einem Alleskleber zusammen. Danach werden sie mit Pinsel und Temperafarbe grün angemalt. Nach dem Trocknen werden zwei winzige Muscheln als Augen aufgeklebt und mit schwarzen Farbtupfen versehen.

■ DAS SOMMERSEGELBOOT

Da wir gerade dabei sind, uns einige Erinnerungen an den Sommer zu schaffen: Wie wäre es mit dem Bau eines Segelbootes? Das ist nicht sehr schwierig – und wir brauchen dafür nur Wollreste, Schaschlikstäbe, dicke Wellpappe und eine Schere.

Zwei Holzstäbchen werden über Kreuz zusammengebunden. Diese werden nach einem bestimmten Plan mit Wollresten verschiedener Farben umwickelt, damit am Ende ein buntes Segel entsteht. Man legt den Wollfaden ein- oder zweimal der Reihe nach um ein Holzstäbchen und führt ihn dann zum nächsten. Dabei beginnen wir mit der rechten Stäbchenhälfte, es folgt das obere Stück, dann das linke und schließlich das untere Stück, von wo aus es wieder zur rechten Hälfte geht und so fort.

Zum Schluß wird das Fadenende so fest an ein Stäbchenstück geknotet, daß sich der Faden nicht wieder abwickeln kann. Das vollendete Segel wird in das Stück Wellpapppe gesteckt, das Sommersegelboot ist fertig und die Kahnpartie kann starten.

■ ERDMATSCH & KLECKERBURG

Im Sommer, wenn uns die Sonnenstrahlen kitzeln und wir am liebsten barfuß laufen, im Gewitterregen herumtollen und baden gehen, wenn Baumhöhle und Blätterhaus unser schönstes Zuhause sind, fühlen wir uns in der Natur so richtig wohl. In keiner anderen Jahreszeit kommt das so zum Ausdruck.

Es ist ein herrliches Gefühl, in Erde und Sand zu graben, sich förmlich einzubuddeln oder den glitzigen Schlamm aus Wasser und Sand auf der Haut zu spüren. Mit Erde und Sand läßt sich viel anstellen, das wissen die Kleinen. Sandhöhlen und Burgen haben wohl alle schon einmal gebaut. Aber haben sie auch schon einmal versucht, mit Erde zu malen? Hier sind Anleitung und Geschichte dazu:

Erde ist nicht gleich Erde. Wenn ihr genauer hinschaut, könnt ihr feststellen, daß es eine ganze Reihe unterschiedlicher Erdfarbtöne gibt. Lehmboden zum Beispiel sieht rötlich-braun aus, die humusreiche Walderde hingegen hat eine kaffeebraune bis schwarze Färbung, sandiger Boden wiederum wechselt zwischen hellgelb und rötlich. Suchen wir noch weiter, lassen sich viele Schattierungen finden.

Wir sammeln die verschiedenen Erdfarben und schütten sie in unterschiedliche Behältnisse. Dann stellen wir ein großlöchriges Sieb, Tapetenkleister, ein Glas Wasser, Pinsel und Lappen bereit. Außerdem brauchen wir großes weißes Papier und Malerkittel, an denen man ab und zu die Hände abwischen kann.

Zuerst werden die Erdfarben einzeln gesiebt und kleine Stöckchen und Steine entfernt. Dann versucht ihr, die Erde auf dem Papier zu verstreichen. Doch ohne Befestigung wird alles wieder vom Blatt purzeln: zu trocken! Also mischen wir die Erde mit Wasser und etwas Kleister. Nun läßt sie sich mit Pinsel und Fingern gut auftragen und verreiben.

Vor unseren Augen entstehen nun Hügel, Bäume, Wiesen – oder nichts. Dann mischen wir die Farben ineinander und tun zerknüllte Zeitungspapierschnipsel hinzu, die wieder übermalt werden können. So wird aus dem Bild eine räumliche Ebene, Berge wachsen in die Höhe. Trocknen lassen! Später können wir auf unserem Stück Landschaft mit Tierfiguren prima spielen.

■ FINGERMAUS

Erdfarben müssen nicht unbedingt selbst hergestellt werden. Es gibt sie, zu feinem Staub gemahlen, auch im Handel zu kaufen. Die Farbpalette reicht von Gelb über Rot, Braun und Grün bis zu Blau. Über einen Katalog sind sie zu bestellen bei Dr. Kremer, W-7974 Aichstetten.

Diese Erde eignet sich wunderbar zum Malen mit Fingerabdrücken. Mit der Fingerkuppe, auch mit allen fünf Fingern gleichzeitig, stippen die Kinder in eine Farbe und drücken sie auf ein weißes Papier.

Die Fingerabdrücke werden zu Bäumen oder Häusern, Tieren, Vögeln oder wie hier bei uns zu einer Maus.

Wenn der Farbe etwas Tapetenkleister zugegeben wird, zeichnet sie sich kräftiger ab und bleibt besser auf dem Papier kleben.

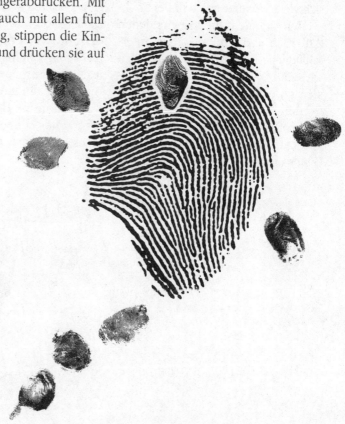

■ IM UND MIT SAND

Endlich wieder mit nackten Füßen über den warmen Sand laufen, das ist eine Wohltat. Beim Laufen schauen wir hinter uns her und stellen fest, daß wir Spuren hinterlassen haben. Durch unser Gewicht drükken sich Vertiefungen in den Sand, die die Form unserer Füße haben. Das läßt sich auch zu einem kleinen Spiel nutzen.

Spiel und Spaß auf Sandboden

Wir sind am Strand oder im Sandkasten. Olli hat sich etwas überlegt. Während ihm die anderen Kinder die Rücken zukehren – und nicht hinschauen! –, drückt Olli einen Gegenstand in den Sand, einen Schlüssel, einen Knopf, einen Ring, seine Faust, einen Stock oder einen Pflasterstein... Dann kommen die anderen Kinder hinzu und schauen sich den Abdruck an. Wer herausfindet, um welchen Gegenstand es sich handelt, der ist als nächster Spieler an der Reihe.

Jeder von uns sucht sich einen Stein, am besten einen dieser abgerundeten Kieselsteine. Jule färbt ihren Stein mit einem Filzstift rot, Tom ritzt mit einem anderen scharfkantigen Stein ein Kreuz in den seinen. So macht jedes Kind seinen Stein kenntlich. Dann wird ein Tennisball in den Sand geworfen. Die Kinder werfen nacheinander ihre Steine hinterher. Wer seinen Stein dem Ball am nächsten plazieren konnte, darf den Tennisball erneut werfen.

■ SANDBILDER

Der feine Ostseesand (es darf aber auch der von anderen Stränden sein) eignet sich besonders gut zu einem Sandbild. Vielleicht hat ein Kind aus den Ferien eine große Tüte voll mitgebracht. Wir besorgen uns Nachfülltusche in verschiedenen Farben und färben damit den Sand ein. Es dauert einige Zeit, bis er getrocknet ist.

Zwei Diagläser dienen uns als Gefäß. Wir legen sie aufeinander und umkleben nun die beiden Seiten und den unteren Rand mit kleinen Streifen schwarzen Umrandungspapiers, aber so, daß zwischen den beiden Glasflächen ein Spalt freibleibt. In den Zwischenraum füllen wir Sand, aber so, daß er in Wellen zum Liegen kommt und unterschiedliche Farbschichten unter- und nebeneinander zu sehen sind.

Bunte Landschaft

Ist das Bild gefüllt, wird auch der obere Rand verklebt, zusammen mit einem Faden, der den Aufhänger bildet. Nun sind richtige kleine, bunte Landschaften entstanden. Die Bildchen können wir im Gruppenraum aufhängen oder als Geschenke mit heim nehmen.

■ DER ZAHN DES LÖWEN

Woher diese Pflanze wohl ihren Namen bekommen hat? Man sagt, es sei wegen ihrer Blätter, die wild und unterschiedlich gezahnt ausschauen. Auf jeden Fall ein schöner Name für eine interessante Pflanze, die zur Nahrung, als Heilkraut und auch besonders gut zum Spielen geeignet ist.

Wieso zum Spielen, fragt ihr? Na, dann verrate ich euch ein Geheimnis. Der Löwenzahn hat auch noch einen anderen Namen, den ihr vielleicht besser kennt. Er nennt sich nämlich zu einer ganz bestimmten Zeit auch „Pusteblume".

Weiße Schirmchen

Sind die Löwenzahnblüten abgeblüht, besteht der Kopf aus kleinen, weißen Samenschirmchen. Diese lösen sich leicht und werden vom Wind weggetragen. Die Schirmchen abzupusten macht großen Spaß. Doch ehe wir das tun können, müssen die Löwenzahnblumen ja erst einmal wachsen. Und dazu schlagen wir euch ein kleines Spiel vor.

■ PUSTEBLUMEN

Der Samen ist in der Erde.
Die Kinder liegen flach auf dem Boden.

Eine Geschichte
zum Mitspielen

Es fängt an zu regnen. Die Samen beginnen zu wachsen.
Die Kinder strecken beide Arme in die Luft.

Erste Blattspitzen sprießen aus der Erde.
Die Kinder setzen sich auf.

Die Pflanze wächst und beginnt zu blühen.
Die Kinder stellen sich langsam hin.

Die gelben Blüten wiegen sich im Wind.
Die Kinder schwanken vorsichtig hin und her.

Der Samen wird reif.
Die Kinder breiten ihre Arme aus.

Die Samenschirmchen schweben durch die Luft.
Alle laufen mit ausgebreiteten Armen umher.

Langsam trudeln die Samenschirmchen zur Erde.
Die Kinder hocken sich hin.

Das Samenkorn versinkt mit dem nächsten Regen im Boden.
Die Kinder strecken sich flach auf der Erde aus.

Wir lassen neue Blumen wachsen und bereiten uns einen Löwenzahnhonig zu.

■ LÖWENZAHNHONIG

Leckerbissen

Vier volle Hände der gelben Löwenzahnblüten waschen wir und geben sie in einen Liter kaltes Wasser. Zugedeckt wird die Mischung zum Kochen gebracht, vom Feuer genommen und über Nacht stehengelassen.

Am folgenden Tag gießen wir den Sud durch ein Leinentuch oder ein Sieb. Dabei werden die Blüten nochmals mit ausgedrückt. Unter Zugabe von einem Kilogramm Zucker und dem Saft einer halben Zitrone kocht die Flüssigkeit auf kleinster Stufe weiter. Mehrmals lassen wir alles erkalten um festzustellen, ob der Honig schon gut ist. Er sollte weder zu dünn, noch zu dick sein.

■ LÖWENZAHNKRINGEL

Kunststück

Die übriggebliebenen Stengel des Löwenzahn dürfen zu einer kleinen Spielerei benutzt werden. In unterschiedlichen Größen werden sie abgezupft und jeweils an den Enden zwei- oder mehrmals mit dem Fingernagel leicht eingeschnitten. (Vorsicht bei dem weißen Saft, er macht Flecken in die Kleidung, die auch mit verstärktem Waschen nicht mehr aus dem Stoff herauszubringen ist).

Die eingeritzten Stengel kommen in eine Schüssel mit Wasser. Nach einigen Minuten darf nachgeschaut werden. Durch die gummiartige Substanz der weißen Milch haben sich die Stengel zusammengekringelt.

■ GRASGRUSS

Sie lassen sich in den unterschiedlichsten Formen finden, wachsen lang und schmal in die Höhe und blühen sehr unauffällig. Wer ist damit wohl gemeint? Die Gräser. Auf jeder Blumenwiese, in Garten und Vorgarten sind sie zu finden – und runden so manchen bunten Blumenstrauß ab. Gräser können gesammelt, gepreßt und für ein Herbarium verwendet werden. Warum aber soll man sie nicht einfach einmal als grünen Gruß auf eine Karte kleben oder in einen Brief stecken?

Sammeln und pressen

Hier unten hat uns Peter eine Auswahl der wichtigsten Gräser gezeichnet. Es sind dies:

1. Weidelgras,
2. Quecke,
3. Fuchsschwanzgras,
4. Rasenschmiele,
5. Honiggras,
6. Fiederzwenke,
7. Knäuelgras

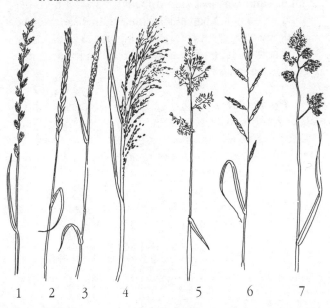

1   2   3   4   5   6   7

■ DAGEGEN IST EIN KRAUT GEWACHSEN

Zu unserer reichhaltigen Pflanzenwelt zählen nicht nur die Bäume, Blumen und Gräser, sondern auch die Kräuter. Schon im Sprichwort heißt es: Gegen vieles ist ein Kraut gewachsen. Oder wenn jemand übermächtig, also schrecklich stark ist, sagt man: Gegen den ist kein Kraut gewachsen.

Von der Heilkraft der Pflanzenwelt

Kräuter sind fast überall in der Natur zu finden. Sie stehen an Wald- und Wegesrändern, wachsen am Ufer von Seen, Flüssen und Bächen wie auf der Wiese. Viele von ihnen besitzen große Heilkraft. Lange Zeit beachteten wir Menschen das nicht mehr. Aber heute wird den Kräutern wieder mehr Beachtung geschenkt, und das ist auch gut so.

Gerade für Stadtkinder wird es schwierig sein, die richtigen Wiesen und Wälder zu finden, um auf Kräutersuche zu gehen. Doch steht ein Garten zur Verfügung, kann ein Beet zum Anbauen von Kräutern genutzt werden. Ich habe hier einmal aufgelistet, welche Kräuter wozu gebraucht werden können. Vielleicht läßt sich einiges davon im Hausgarten oder im Kindergarten gemeinsam pflanzen und nutzen:

Ringelblume – 8 bis 12 Blüten werden in einem Liter 40prozentigen Kornbranntwein angesetzt und drei Wochen an einen warmen Ort gestellt. Dieses Mittel ist nicht etwa zum Trinken bestimmt, es hilft vielmehr bei Zerrungen und Quetschungen.

Pfefferminze – Die Blätter werden getrocknet und als Teeaufguß getrunken, der bei Bauchweh hilft.

Salbei – Blüten und Blätter werden getrocknet. Als Tee zum Gurgeln bei Halsweh benutzen.

Thymian – Blätter, Stengel und Blüten werden in der Sonne gepflückt, getrocknet und helfen als Tee bei Magenbeschwerden.

Viele andere Arten von Kräutern gehören zum sogenannten „Unkraut" und werden deshalb kaum beachtet. Im Gegenteil, die meisten Menschen denken, Unkraut sollte auf jeden Fall vernichtet werden. Wenn man weiß, wie diese Kräuter helfen können, ist es schwer, dafür Verständnis zu finden:

Warum sprechen wir eigentlich von „Unkraut"?

Brennessel – Brennesseln sind fast überall zu finden, in Gärten, in Wäldern und zwischen Sträuchern. Die Blätter werden frisch oder getrocknet im Frühjahr als erfrischender Tee getrunken.

Wegerich – Er wächst auf Wiesen, in Gräben und an Wegrändern. Seine Blätter werden getrocknet und als Tee bei Husten und Heiserkeit angewandt.

Beinwell – Diese am Wasser lebende Pflanze fühlt sich an Ufern oder auf nassen Wiesen am wohlsten. Blätter und Stempel fühlen sich rauh an, die Blüten sind rot bis violett gefärbt. Die Wurzeln wachsen sehr tief in die Erde und sind glitschig. Beinwellsalbe lindern Schmerzen bei Wunden und Prellungen. Und so wird die Salbe zubereitet: Etwa fünf Wurzeln werden gesäubert, kleingeschnitten und in 200 Gramm Darmfett kurz ausgebraten, über Nacht stehengelassen und am nächsten Tag nochmals kurz aufgewärmt. Das Ganze durch ein Leinentuch seihen, in kleine saubere Gläser füllen und kühlstellen.

Pädagogischer Hinweis

Schöllkraut – Es wächst an Wiesen- und Wegesrändern, besitzt kleine gelbe Blüten und läßt sich am orange gefärbten Saft erkennen, der aus den Stengeln tritt, wenn sie geknickt werden. Schöllkraut wird in der Sonne gepflückt und frisch oder getrocknet zu einer Frühjahrsteekur angewandt. Es wirkt blutreinigend.

Obwohl das Schöllkraut eine Heilpflanze ist, – Finger weg!
Es ist nämlich auch sehr giftig! – Also: nur für den Fachmann!

ÄPFELPFLÜCKEN

Will heut Äpfel pflücken Äpfel pflücken,

Text: Rolf Krenzer
Musik: Ludger Edelkötter

hole meine Leiter an den Baum.

2. Will heut Äpfel pflücken, Äpfel pflücken, hole
meine Leiter, stelle meine Leiter, kletter auf die
Leiter, kletter immer weiter in den Baum.

3. Will heut Äpfel pflücken, Äpfel pflücken, hole
meine Leiter, stelle meine Leiter, kletter auf die
Leiter, kletter immer weiter, pflücke froh und
heiter immer auf der Leiter in den Baum.

4. Will heut Äpfel pflücken, Äpfel pflücken, hole
meine Leiter, stelle meine Leiter, kletter auf die
Leiter, kletter immer weiter, pflücke froh und
heiter immer auf der Leiter und zum Ast dann
weiter, werde nicht gescheiter in dem Baum.

5. Will heut Äpfel pflücken, Äpfel pflücken, hole
meine Leiter, stelle meine Leiter, kletter auf die
Leiter, kletter immer weiter, pflücke froh und
heiter immer auf der Leiter und zum Ast dann
weiter, werde nicht gescheiter. Wippe wie ein Reiter,
kippe aber leider aus dem Baum. Aus der Traum!

6. Will heut Äpfel pflücken, Äpfel pflücken, hole
meine Leiter, stelle meine Leiter, kletter auf die
Leiter, steige immer weiter, pflücke froh und
heiter immer auf der Leiter, bin jetzt viel
gescheiter, pflücke immer weiter in dem Baum.

*Weil man daraus lernen kann, fang ich noch mal
von vorne an.*

■ ICH SEH DEN STERNENHIMMEL

Wenn es dunkel wird und die Nacht ihren dunklen Schleier über den Tag legt, blinkt und blitzt der Himmel voller Sterne. Es sind so viele, daß wir sie nicht zählen können. Wollten wir dies versuchen, wäre es eine unendliche Geschichte, die wir nie beenden könnten.

Große und kleine Sterne sind zu entdecken. Die einen funkeln mehr, die anderen weniger. Wenn wir genau hinschauen, sehen wir, daß die Sterne ganz unterschiedliche Muster ergeben, die Sternbilder. Sicherlich habt ihr schon von ihnen gehört. Zu jedem Monat des Jahres steht ein anderes Sternbild am Himmel. Da gibt es den Stier, den Krebs oder den Löwen. Es ist gar nicht einfach, sie alle am Himmel zu finden.

Einen Stern können wir sofort entdecken. Steht Ihr im Freien und schaut zum Himmel, seht ihr den Polarstern. Er gehört zum Bild des „Großen Bären", auch „Großer Wagen" genannt. Bei genauerem Hinschauen sieht man auch die anderen Sterne dieses Bildes. Ein fast ähnliches Bild ist kleiner und wird deshalb „Kleiner Bär" oder „Kleiner Wagen" genannt.

Wollt ihr mehr über die Sterne und ihre Geschichte wissen, geht zu einer Sternwarte. Dort könnt ihr durch große Fernrohre schauen und bekommt zu jedem Stern Erklärungen. Oder ihr geht in die Bibliothek. Es gibt dort viele schöne Bücher, die sich mit den Sternen beschäftigen; ihr könnt sie euch ausleihen.

■ GOTTES SCHÖPFUNG VII

Tag und Nacht, hell und dunkel, munter sein und schlafen, das ist eine Einteilung, die uns nicht immer gut gefällt. So manches Mal wird die Nacht, in der wir eigentlich schlafen sollten, von uns zum Tag gemacht. Doch die Gegensätze des Lichtes, von Hell zu Dunkel, von Dunkel wieder zu hell, lassen uns immer wieder zu diesem von der Natur vorgegebenen Rhythmus zurückkommen. So lebendig der Tag beginnt, so leise breitet sich die Nacht aus und läßt Ruhe einkehren.

Danken für Tag und Nacht

*Großer Gott, wir loben dich.
Du hast uns den Tag
und die Nacht gegeben.
Am Tag können wir viel Neues erleben,
haben Freunde, mit denen wir singen
und spielen.
Wir freuen uns, daß wir miteinander
etwas tun können,
haben Zeit zum Schauen und Staunen.
Die Nacht nimmt die Helligkeit, das Licht
schwindet.
Unzählige Sterne und der Mond beginnen
zu leuchten.
Wir werden ruhig und gehen schlafen.
Aber nicht immer fallen uns gleich
die Augen zu.
Wir sehen die vielen, vielen Sterne und
beginnen zu zählen. Dabei finden wir
endlich Schlaf.
Dafür danken wir dir.*

■ EIN SOMMERFEST

Unter freiem Himmel tanzen und singen, miteinander spielen, die Natur genießen und bis in den späten Abend hinein draußen sein, das gehört zu einem Sommerfest. Es gibt viele Möglichkeiten, einen geeigneten Ort dafür zu finden, den Garten, ein Waldstück, das Flußufer, einfach da, wo es grünt und blüht.

Unser Mittelpunkt wird das Blätterhaus sein. Es ist seit dem Frühjahr prächtig gewachsen und die Pflanzen bilden ein dichtes Dach. Haben wir aber noch kein Blätterhaus, dann bauen wir eines mit Stangen, Ästen, Zweigen und Blätter, es ist genug von diesem Baumaterial vorhanden.

Unter dem Thema „ein Haus, das lebt" laden wir zu unserem Sommerfest ein. Was brauchen wir dazu? Einladungen zum Verschicken, ein Wunschplakat, die Speisekarte, Tänze, Spiele und Basteleien. Immerhin müssen wir einplanen, daß es regnen kann. Wir tragen Pappe, Papier, Wasserfarben, Klebstoff, Tesaband, Läppchen, Zwirn, Pinsel, Stifte, Lineal, Sicherheitsnadeln, Farben, Kreppapier und Scheren zusammen, dann kann es losgehen.

Zuerst stellen wir die Einladungskarten her. Wir schneiden Karten in Form von Blättern (Eiche, Efeu, Kastanie) aus und malen sie an, schreiben Thema, Ort und Zeit unseres Festes drauf und verschicken sie mitsamt der Eintrittskarten: Aus Kreppapierstreifen (5 cm breit) sind schnell kleine Blüten gedreht. Am Ende werden sie mit etwas Zwirn zusammengebunden und eine Sicherheitsnadel durchgepiekst.

Jetzt kommt das Wunschplakat an die Reihe. Ein großer Baum wird auf Pappe gemalt und ausgeschnitten, dann Stamm und Äste mit braunem Kreppapier beklebt. Als Früchte hängen wir weiße Zettel an die Äste und plazieren den Baum gleich neben die Eingangstür. Hier können ab sofort Wünsche zum Sommerfest notiert oder aufgemalt werden.

Als nächstes überlegen wir uns, wie die Speisekarte aussehen soll.

Fruchtsalat und Obstbowle sollten zur Sommerzeit auf keinen Fall fehlen. Dazu können wir Obstkuchen anbieten, Eis und Bratwürstchen wären auch nicht schlecht. Für Vorbereitung und Betreuung können wir sicher einige Eltern gewinnen. Überlegen wir uns lieber, welche Spiele, Tänze und Lieder uns begleiten sollen.

Mit unseren farbigen Ansteckblüten, den Eintrittskarten, können wir die Gäste in verschiedene Gruppen aufteilen, also alle „Roten" zusammen usw. Dann sammeln wir eine Menge von Ideen, beziehen die Zettel vom Wunschbaum mit ein und richten für jede Attraktion eine Station ein. Für das, was dort gesungen, getanzt, gebastelt oder gespielt werden soll, muß es natürlich auch einen Zuständigen geben. Geschmückt werden die Stationen mit Luftballons, Girlanden, bunten Papierblumen und Lampions.

Für jeden Gast haben wir einen kleinen Baum aus Eicheln oder Kastanien gezogen und in einen Blumentopf gepflanzt. Sind die Pflänzchen überreicht, setzen wir uns mit den Gästen zum Blätterhaus, wo wir mit Decken, Kissen, Tischen und Stühlen Sitzgelegenheiten geschaffen haben. Sind alle da, erzählen die Kinder von ihrem Blätterhaus, dem aufregenden Bau und was so alles noch passiert ist. Ein Lied und ein Spiel dazu, das würde prima passen.

Den weiteren Verlauf des Tages bestimmen die einzelnen Wünsche und Stationen. Wir können sicher auch zwischendurch einmal etwas mit allen zusammen singen, tanzen und spielen. Gegen Abend werden dann die Laternen angezündet, und mit einem Laternenumzug geht es nach Hause.

■ UND SIEHE, ES WAR GUT

Ein Jahr hat viele Tage, noch mehr Stunden und viele, viele Minuten. Wir lassen die Zeit vorübergehen. Manchmal verstreicht sie uns viel zu langsam, ein anderes Mal zerrinnt sie uns zwischen den Fingern. Die Zeit ist einfach da. Wir können sie nicht greifen, weder anhalten noch verändern.

Auch das ist Gottes Schöpfung. Überall begegnet sie uns.

Wir leben in und mit ihr. In kleinen Augenblicken des Alltags nehmen wir sie bewußt auf und können sie spüren, sei es mit dem Lachen eines Kindes, mit dem Schlüpfen eines Schmetterlinges oder dem Blühen einer Blume.

Danken für die Schöpfung

Dafür können wir sagen:

Großer Gott, wir loben dich.
Du läßt uns alle deine Wunder
mit eigenen Augen sehen.
Deine Werke sind viel und groß.
Was du geschaffen hast, ist gut.
In vielen kleinen Dingen
entdecken wir die Wunder der Natur,
die so zahlreich sind.
Dafür danken wir dir.

Spiel-Lern-Reihe

3–7

*Bereits
erschienen*

*Alle Bände
mit 96 Seiten
und vielen
Abbildungen
broschiert*

Maja Hasenbeck
In die Augen, in den Sinn
Wahrnehmung in
Kindergruppen
ISBN 3-7664-9286-2

Regina Grabbet /Heike Baum
Naß, aber pudelwohl
Wasserspiele mit kleinen
Kindern
ISBN 3-7664-9288-8

Eckart Bücken
Bei uns spielt die Musik
Klangspiele und Spiellieder
ISBN 3-7664-9283-7

Gabriela Falkenberg
**Gefühl bis in die
Fingerspitzen**
Körpererfahrung in
Kindergruppen
ISBN 3-7664-9281-0

Heike Müller
Da fällt was für uns ab
Was man mit „Müll" machen
kann
ISBN 3-7664-9278-0

Wolfgang Bort
**Komm zu unserem
Kinderfest**
Ideen, Vorschläge und
Anregungen zum Festefeiern
ISBN 3-7664-9227-6

Regina Grabbert
**Laufen, Toben, Springen...
Loben**
Bewegungsspiele in
Kindergruppen
ISBN 3-7664-9236-5

Monika Gsella
**Jetzt lassen wir
die Puppen tanzen**
Puppenspiele in
Kindergruppen
ISBN 3-7664-9243-8

Helmut Dachale /
Doris Bleckmann
**Manege frei, wir sind
dabei**
Zirkusspiele für kleine Leute
ISBN 3-7664-9249-7

Barbara Willner /
Holger Huhle
**So oft im Jahr ist
Feiertag**
Kirchliche Feste und Feiern
in Kindergruppen
ISBN 3-7664-9256-X

Heike Müller
Kerstin Schiffer
**Auch Nudeln müssen
erst mal wachsen**
Kinder säen, ernten, kochen
und backen
ISBN 3-7664-9265-9

Wolfgang Bort
**Elternarbeit leichter
machen**
Wie man Eltern aktiviert
ISBN 3 7664-9276-4

**Burckhardthaus-
Laetare Verlag
Offenbach/M.**

96